بلوبيري بليس

كتاب طبخ يحتوي على 100 وصفة لذيذة. من الإفطار إلى الحلوى ، استكشف عالم التوت اللذيذ

مهف قرينم

تنصل

تهدف المعلومات الواردة في هذا الكتاب إلى أن تكون بمثابة مجموعة شاملة من الاستراتيجيات التي أجرى مؤلف هذا الكتاب بحثًا عنها. يوصى المؤلف فقط بالملخصات والاستراتيجيات والنصائح والحيل ، ولن تضمن قراءة هذا الكتاب أن نتائج المرء ستعكس نتائج المؤلف تمامًا. بذل مؤلف الكتاب كل الجهود المعقولة لتوفير معلومات حديثة ودقيقة لقراء الكتاب. لن يكون المؤلف وشركاؤه مسؤولين عن أي خطأ أو سهو غير مقصود قد يتم العثور عليه. قد تتضمن المواد الموجودة في الكتاب معلومات من أطراف ثالثة. تشتمل مواد الجهات الخارجية على الآراء التي أعرب عنها أصحابها. على هذا النحو ، لا يتحمل مؤلف الكتاب المسؤولية أو المسؤولية عن أي مواد أو آراء خاصة بطرف ثالث.

جدول المحتويات

الصلصات 175

سموثي وكوكتيل 184

مقدمة

يعتبر العنب البري بمثابة "حزمة صحية طبيعية" ، تحتوي على فئات متنوعة من المركبات النشطة بيولوجيًا ، والتي تساهم في العديد من الفوائد الصحية المعروفة. لقد اجتذبت هذه التوت اللذيذ الكثير من الاهتمام والاهتمام الاستثنائي من العلماء وخبراء التغذية ومصنعي المواد الغذائية ، وبالطبع المستهلكين ، نظرًا لقدرتها العالية المضادة للأكسدة التي تم الإبلاغ عنها علميًا الناتجة عن مجموعة واسعة من مركبات البوليفينوليك.

تم الإبلاغ عن الآثار المفيدة للعنب البري للعديد من الأمراض المزمنة بما في ذلك السرطان واضطرابات القلب والأوعية الدموية والسكري والأمراض التنكسية العصبية. ترتبط هذه الخصائص الصحية بوفرة مضادات الأكسدة في ثمار التوت.
التوت الأزرق فاكهة لذيذة ومتعددة الاستخدامات يمكن استخدامها في مجموعة متنوعة من الأطباق ، من الإفطار إلى العشاء ، وحتى الحلويات. مع بلوبيري بليس ، ستكتشف 100 وصفة شهية تعرض النكهة الرائعة والفوائد الغذائية لهذا الطعام الخارق. علاوة على ذلك ، فإن كل وصفة مصحوبة بصورة مذهلة بالألوان الكاملة ، مما يمنحك دليلًا مرئيًا للطبق النهائي.

في كتاب الطبخ هذا ، ستجد كل شيء بدءًا من الفطائر والكعك بالتوت الأزرق إلى الأطباق اللذيذة مثل لحم الخنزير المزجج بالتوت البري وسلطة الكينوا بالتوت الأزرق. وبالطبع ، هناك الكثير من الحلويات اللذيذة ، مثل ألواح تشيز كيك التوت البري والإسكافي الأزرق.

تم تصميم كل وصفة بعناية لتسليط الضوء على المذاق الفريد والملمس الفريد للتوت الأزرق ، والعديد منها يتضمن أيضًا نصائح مفيدة وتنوعات لجعلها أكثر لذة. سواء كنت طباخًا متمرسًا أو بدأت للتو في المطبخ ، فإن بلوبيري بليس هو الدليل المثالي لاستكشاف الاحتمالات العديدة لهذه الفاكهة المذهلة.

مع صوره الجميلة ووصفاته السهلة المتابعة ، يعد بلوبيري بليس وليمة للعيون وبراعم التذوق. سواء كنت تبحث عن لمسة جديدة لمفضلة قديمة أو ترغب في تجربة مكون جديد ، فمن المؤكد أن كتاب الطبخ هذا سيلهمك. فلماذا لا تبدأ مغامرتك في الطهي اليوم وتكتشف العالم المبهج لطبخ التوت الأزرق ؟.

إفطار

1. <u>خبز توت بري فرنسي مخبوز</u>

يجعل: 8 حصص

مكونات:
- 16 أوقية خبز إيطالي
- 4 بيضات
- نصف كوب حليب قليل الدسم 2٪
- نصف ملعقة صغيرة بيكنج بودر
- 1 ملعقة صغيرة فانيليا
- 2½ كوب توت ، مجمد أو طازج
- نصف كوب سكر
- 1 ملعقة صغيرة قرفة
- 1 ملعقة صغيرة نشا ذرة
- 2 ملاعق كبيرة زبدة ذائبة
- نصف كوب سكر بودرة

تعليمات:
a) قطعي الخبز إلى شرائح قطرية لعمل قطع بسماكة 8 بوصات مع إزالة الكعب. رتبي شرائح الخبز في طبق خبز مقاس 10 × 15 بوصة.

b) في وعاء متوسط الحجم ، اخفقي البيض والحليب والبيكنج بودر والفانيليا معًا.

c) صب الخليط ببطء فوق الخبز ، مع تحويل كل شريحة لتغطي بالكامل. غطي الطبق بغلاف بلاستيكي وضعيه في الثلاجة لمدة ساعة على الأقل ، ولكن يفضل طوال الليل.

d) سخني الفرن إلى 425 درجة. قم بتغطية طبق خبز آخر مقاس 10 × 15 بوصة برذاذ طهي غير لاصق. رشي العنب البري على قاع المقلاة.

e) اخلطي السكر والقرفة ونشا الذرة واسكبيها فوق التوت. اسفين شرائح الخبز بإحكام فوق العنب البري ، بحيث يكون الجانب الأكثر رطوبة لأعلى. ادهني الخبز بالزبدة المذابة.

f) اخبزي التوست الفرنسي في وسط الفرن لمدة 20 إلى 25 دقيقة ، أو حتى يصبح لونه بنياً ذهبياً.

g) للتقديم ، ضع الخبز المحمص - جانب التوت لأسفل - على أطباق دافئة. قلب خليط التوت المتبقي في طبق الخبز ، ثم اغرفه فوق الخبز المحمص.

h) يرش السكر البودرة.

2. <u>بيري كريب مع صوص البرتقال</u>

يصنع: 4 حصص

مكونات:
- 1 كوب من العنب البري الطازج
- 1 كوب فراولة مقطعة شرائح
- 1 ملعقة كبيرة سكر
- ثلاث عبوات سعة 3 أونصات من الجبن الكريمي المخففة
- نصف كوب عسل
- نصف كوب عصير برتقال
- 8 كريب

تعليمات:
a) يُمزج العنب البري والفراولة والسكر في وعاء صغير ويترك جانباً.
b) لتحضير الصلصة ، اخفقي جبنة الكريمة والعسل حتى تضيء ، واضربوا عصير البرتقال ببطء.
c) يُسكب حوالي نصف كوب من حشوة التوت في وسط 1 كريب. ضعي حوالي 1 ملعقة كبيرة من الصلصة فوق التوت. نشمر ونضعها على طبق التقديم. كرر مع Crêpe المتبقية.
d) يُسكب ما تبقى من الصلصة فوق الكريب.

3. التوت والفانيليا والشوفان

يجعل: 1

مكونات:

- نصف كوب شوفان
- نصف كوب ماء
- نصف كوب زبادي قليل الدسم
- ½ ملاعق صغيرة مطحونةفانيلافاصوليا
- 1 ملعقة طعامالكتانوجبة البذور
- قليل من الملح
- العنب البري واللوز والتوت الأسود الخامعسللتتصدر

تعليمات:

a) أضف المكونات (باستثناء الإضافات) إلى الوعاء مساءً. ضعيها في الثلاجة طوال الليل.

b) في الصباح ، حرك الخليط. يجب أن تكون سميكة. أضف الطبقة التي تختارها.

4. فطائر شوفان التوت واللبن

مكونات:

- ½ زائد 2/1 كوب دقيق القمح الكامل الأبيض
- 2/1 كوب شوفان ملفوف عتيق
- 1 ملعقة صغيرة سكر
- نصف ملعقة صغيرة بيكنج بودر
- نصف ملعقة صغيرة من صودا الخبز
- نصف ملعقة صغيرة ملح كوشير
- نصف كوب زبادي يوناني
- نصف كوب حليب 2%
- 1 ملعقة صغيرة زيت زيتون
- 1 بيضة كبيرة
- نصف كوب توت
- 12 حبة فراولة ، مقطعة إلى شرائح رفيعة
- 2 حبة كيوي مقشرة ومقطعة ناعماً
- ربع كوب شراب القيقب

تعليمات:

a) سخني مقلاة غير لاصقة إلى 350 درجة فهرنهايت أو سخني مقلاة غير لاصقة على حرارة متوسطة إلى عالية. قم بتغطية صينية الخبز أو المقلاة برذاذ غير لاصق.

b) في وعاء كبير ، اخلطي الدقيق والشوفان والسكر والبيكنج بودر وصودا الخبز والملح. في كوب قياس زجاجي كبير أو وعاء آخر ، اخفقي الزبادي والحليب وزيت الزيتون والبيض معًا. يُسكب المزيج الرطب فوق المكونات الجافة ويُحرّك بملعقة مطاطية حتى تصبح رطبة. أضيفي العنب البري وقلبي برفق حتى تمتزج.

c) العمل على دفعات ، اغرف نصف كوب من الخليط لكل فطيرة على صينية الخبز واطهيها حتى تظهر الفقاعات في الأعلى ويصبح الجانب السفلي بنيًا جيدًا ، حوالي دقيقتين. اقلب الفطائر واطهيها على الجانب الآخر لمدة أطول بدقيقة إلى دقيقتين.

d) قسّم الفطائر والفراولة والكيوي وشراب القيقب في حاويات معدة للوجبات. ستبقى مغطاة في الثلاجة من 3 إلى 4 أيام. لإعادة التسخين ، ضعه في الميكروويف على فترات 30 ثانية حتى يتم تسخينه.

5. بودينج رينبو لايم شيا

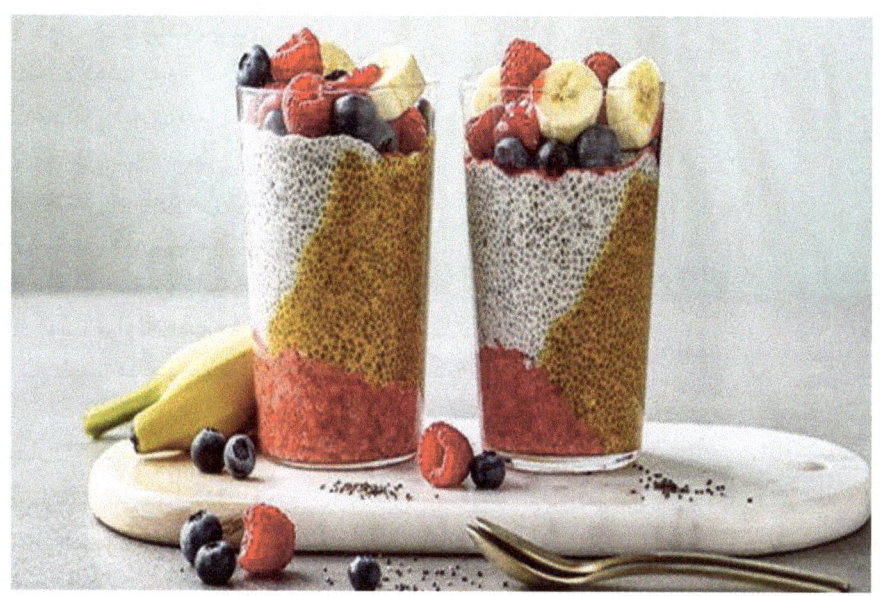

مكونات:
- 1 كوب 2٪ حليب
- 1 كوب 2٪ زبادي يوناني عادي
- نصف كوب بذور شيا
- 2 ملاعق كبيرة عسل
- 2 ملاعق كبيرة سكر
- 2 ملاعق صغيرة من قشر الليمون
- 2 ملاعق كبيرة عصير ليمون طازج
- 1 ملعقة صغيرة فانيليا
- 1 كوب فراولة مقطعة و توت أزرق
- ربع كوب مانجو مكعبات ونصف كوب كيوي مكعبات

تعليمات:
a) في وعاء كبير ، اخفقي الحليب واللبن وبذور الشيا والعسل والسكر وقشر الليمون وعصير الليمون والفانيليا والملح معًا حتى تمتزج جيدًا.

b) قسّم الخليط بالتساوي إلى أربعة برطمانات ماسون (16 أونصة). غطيه وضعيه في الثلاجة طوال الليل ، أو لمدة تصل إلى 5 أيام.

c) تقدم باردة ، مغطاة بالفراولة ، المانجو ، الكيوي ، والتوت الأزرق.

6. تشيز كيك بالليمون والشوفان

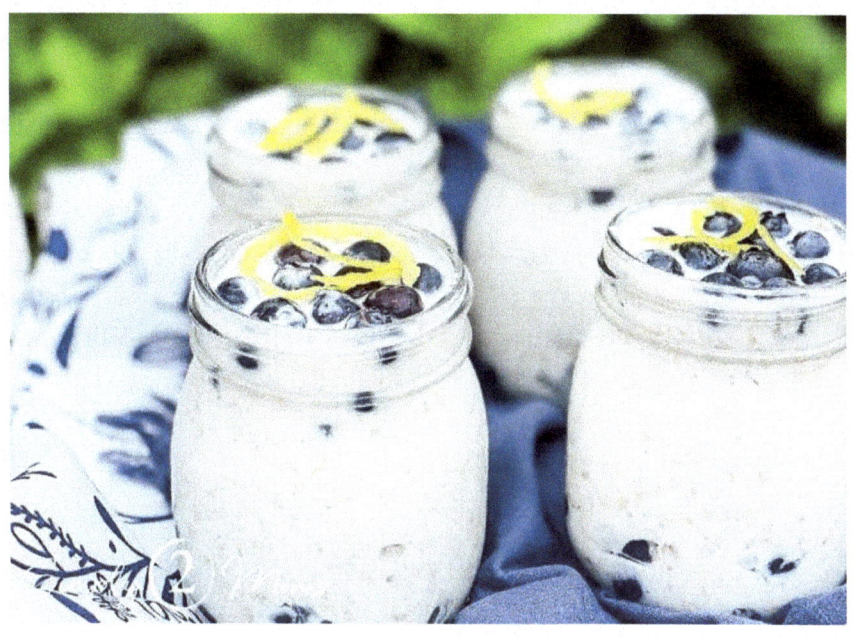

مكونات:

● نصف كوب زبادي يوناني خالي الدسم
● 2 ملاعق كبيرة زبادي عنبية
● نصف كوب توت
● 1 ملعقة صغيرة من قشر الليمون المبشور
● 1 ملعقة صغيرة عسل

تعليمات:

a) يُمزج الشوفان والحليب في وعاء زجاجي سعة 16 أونصة ؛ أعلى مع الطبقة المرغوبة.

b) يحفظ في الثلاجة طوال الليل أو حتى 3 أيام ؛ يقدم باردا.

7. وعاء الإفطار PB-Oatmeal

مكونات:
- 2/1 كوب شوفان ملفوف عتيق
- رشة ملح كوشير
- 2 ملاعق كبيرة من التوت
- 2 ملاعق كبيرة من العنب البري
- 1 ملعقة كبيرة لوز مقطع
- ملعقة صغيرة من بذور الشيا
- 1 موزة مقطعة شرائح رقيقة
- 2 ملاعق صغيرة زبدة فول سوداني ، دافئة

تعليمات:
a) يُمزج كوبًا من الماء مع الشوفان والملح في قدر صغير. يُطهى على نار متوسطة مع التحريك من حين لآخر ، حتى ينضج الشوفان ، حوالي 5 دقائق.

b) أضف دقيق الشوفان إلى وعاء تحضير الوجبات. ضعي فوقها توت العليق والتوت الأزرق واللوز وبذور الشيا والموز ورشي عليها زبدة الفول السوداني الدافئة. تبقى مغطاة في الثلاجة لمدة 3 إلى 4 أيام.

c) يمكن تقديم دقيق الشوفان باردًا أو إعادة تسخينه. يُعاد تسخينه في الميكروويف على فترات 30 ثانية حتى يتم تسخينه بالكامل.

8. وافل بروتين باور

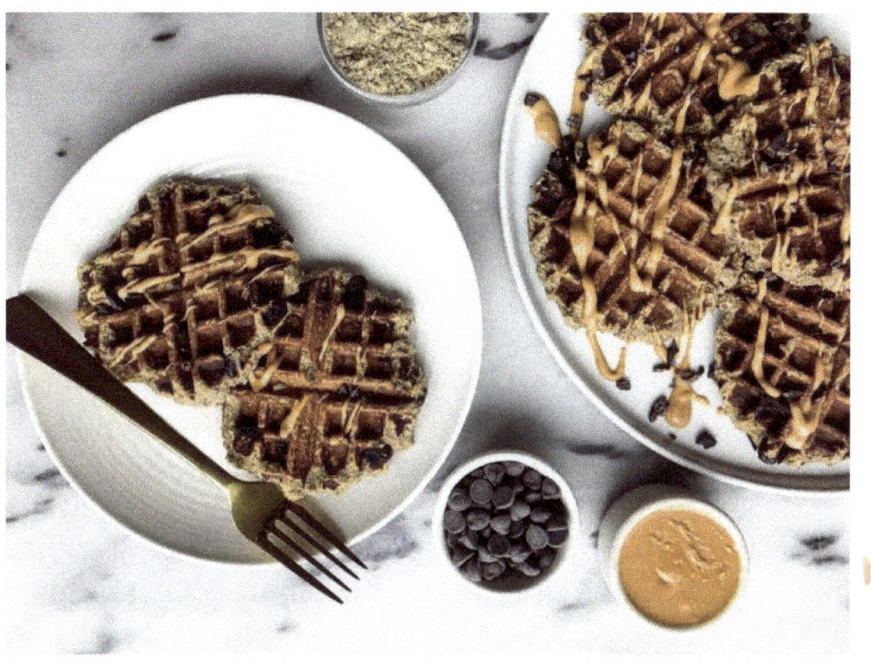

مكونات:
- 6 بيضات كبيرة
- 2 كوب جبن قريش
- 2 كوب شوفان قديم
- نصف ملعقة صغيرة من خلاصة الفانيليا
- رشة ملح كوشير
- 3 أكواب من الزبادي العادي منزوع الدسم
- 1 2/1 كوب توت
- 1 2/1 كوب توت

تعليمات:
a) سخن مكواة الوافل على درجة حرارة متوسطة. دهن الجزء العلوي والسفلي من المكواة برفق أو قم بدهنها برذاذ غير لاصق.

b) يُمزج البيض والجبن القريش والشوفان والفانيليا والملح في الخلاط ويخلط حتى يصبح ناعمًا.

c) اسكبي مقدارًا ضئيلًا من نصف كوب من خليط البيض في مكواة الوافل ، وأغلقه برفق ، واتركه حتى يصبح لونه بنياً ذهبياً وهشاً ، من 4 إلى 5 دقائق.

d) ضع الفطائر والزبادي والتوت والتوت في حاويات تحضير الوجبات.

9. <u>عصير التوت أكي</u>

مكونات:

للتحضير

- 2 عبوات (3.88 أونصة) هريس أكي مجمد ، مذاب
- 1 كوب من توت العليق المجمد
- 1 كوب من العنب البري المجمد
- 1 كوب من التوت الأسود المجمد
- 1 كوب فراولة مجمدة
- نصف كوب بذور رمان

ليخدم

- 1½ كوب عصير رمان

تعليمات:

a) يُمزج الأكاي ، والتوت ، والعنب البري ، والتوت الأسود ، والفراولة ، وبذور الرمان في وعاء كبير. قسّم المزيج على 4 أكياس تجميد بسحاب. يُجمد لمدة تصل إلى شهر ، حتى يصبح جاهزًا للخدمة.

b) ضعي محتويات كيس واحد في الخلاط ، وأضيفي ربع كوب من عصير الرمان ، واخلطي حتى تصبح ناعمة. قدميها على الفور.

10. <u>توست التوت الأزرق الفرنسي بين عشية وضحاها</u>

يصنع: من 6 إلى 8

مكونات:
- 1 رغيف خبز فرنسي ، شرائح بسماكة 1 بوصة
- 6 بيضات
- 3 ج. لبن
- 1 ج. سكر بني معبأ ومقسّم
- مستخلص الفانيليا حسب الرغبة
- جوزة الطيب حسب الرغبة
- ¼ ج. جوز أمريكي مقطع
- 2 كوب من العنب البري
- اختياري: شراب القيقب

تعليمات:
a) رتبي شرائح الرغيف الفرنسي في مقلاة خبيز مقاس 13 × 9 مدهونة قليلاً ؛ اجلس جانبا.

b) اخفقي البيض والحليب ونصف كوب من السكر البني والفانيليا وجوزة الطيب في وعاء كبير. يُسكب المزيج بالتساوي فوق شرائح الرغيف الفرنسي.

c) غطيه واتركيه يبرد طوال الليل. قبل الخبز مباشرة ، يُرش السكر البني المتبقي والجوز والتوت على الوجه.

d) اخبزيها بدون غطاء على حرارة 350 درجة لمدة 50 دقيقة ، أو حتى تصبح ذهبية اللون ومشمعة. تقدم مع شراب القيقب حسب الرغبة.

11. <u>**فطائر التوت اللذيذة**</u>

يصنع: 4 بسكويتات الوفل

مكونات:
- 2 بيض
- 2 كوب طحين لجميع الأغراض
- 1¾ كوب حليب
- نصف كوب زيت
- 1 ملعقة كبيرة سكر
- 4 ملاعق صغيرة بيكنج بودر
- نصف ملعقة صغيرة ملح
- نصف ملعقة صغيرة من خلاصة الفانيليا
- 1½ كوب من العنب البري

تعليمات:
a) في وعاء كبير ، اخفقي البيض بالخلاط الكهربائي على سرعة متوسطة حتى يصبح المزيج رقيقًا.
b) أضف المكونات المتبقية باستثناء التوت. فاز فقط حتى تصبح ناعمة.
c) رش مكواة الوافل برذاذ نباتي غير لاصق. يُسكب الخليط بمقدار نصف كوب على مكواة الوافل المسخنة مسبقًا. نثر الكمية المرغوبة من التوت فوق الخليط.
d) اخبزيها حسب تعليمات الشركة الصانعة حتى تصبح ذهبية اللون.
e) توست التفاح الفرنسي بين عشية وضحاها

12. <u>كل شيء أمي الفطائر</u>

يجعل: 4 إلى 6

مكونات:

- 2 كوب من خليط البسكويت المخبوز
- 1 - 1 كوب شوفان سريع الطهي غير مطبوخ
- ¼ ج. جرثومة القمح
- نصف كوب جوز البقان أو الجوز المفروم
- 2 بيضة مخفوقة
- ¼ ج. زبدة الفول السوداني
- نصف كوب زبادي بالفانيليا
- 3 2/1 كوب حليب قليل الدسم ، مقسم
- 1 ج. توت
- اختياري: ¼ ج. رقائق شوكولاتة صغيرة
- مقبلات: شراب القيقب ، فواكه ، كريمة مخفوقة

تعليمات:

a) يُمزج مزيج الخبز والشوفان وجنين القمح والمكسرات في وعاء كبير ؛ اجلس جانبا. في وعاء منفصل ، اخفقي البيض وزبدة الفول السوداني واللبن و 3 أكواب من الحليب.

b) أضف إلى المكونات الجافة وقلّب. أضف الحليب المتبقي حسب الحاجة للحصول على قوام عصير التفاح. أضيفي التوت ورقائق الشوكولاتة إذا رغبت في ذلك.

c) صب نصف كوب مملوء في مكواة وافل مسخنة مسبقًا تم رشها برذاذ نباتي غير لاصق.

d) اخبزيها حتى تصبح مقرمشة حسب تعليمات الشركة الصانعة.

e) قدميها مع شراب القيقب أو مغطى بالفاكهة وقليل من الكريمة المخفوقة.

13.   <u>كريب التوت والليمون</u>

يصنع: 6 حصص

مكونات:

- 3 أوقية pkg. جبنة كريمية طرية
- 1 كوب نصف ونصف
- 1 ت.عصير ليمون
- 3-¾ pkg. مزيج بودينغ الليمون
- نصف كوب من خليط البسكويت
- 1 بيضة مخفوقة
- 6 ت. حليب
- 1 ج. حشوة فطيرة التوت

تعليمات:

a) يُمزج الجبن الكريمي والنصف والنصف وعصير الليمون ومزيج البودينغ الجاف في وعاء. اضرب بالخلاط الكهربائي على سرعة منخفضة لمدة دقيقتين. برد لمدة 30 دقيقة.

b) ادهني مقلاة بحجم 6 بوصات وضعيها على نار متوسطة عالية ، في وعاء ، اخلطي خليط خبز البسكويت والبيض والحليب.

c) فوز حتى تصبح ناعمة. صب ملعقتين كبيرتين من الخليط في مقلاة لكل كريب. قم بتدوير المقلاة بسرعة ، واترك الخليط يغطي قاع المقلاة.

d) قم بطهي كل كريب حتى يصبح ذهبيًا قليلاً ، ثم اقلبه ، واطبخ مرة أخرى حتى يصبح لونه ذهبياً.

e) ضعي ملعقتين كبيرتين من خليط الجبن الكريمي على كل كريب ولفيها.

f) يُغطى بخليط الجبن الكريمي المتبقي وحشوة الفطيرة.

14. <u>فطائر الحنطة السوداء والتوت</u>

يصنع: 4 حصص

مكونات:
- 1 كوب دقيق الحنطة السوداء
- ½ ر. مسحوق الخبز
- ½ ر. صودا الخبز
- ¼ ر. ملح
- 1 ج. اللبن
- 2 بياض بيضة مخفوقة
- 1 بيضة مخفوقة
- 1 ت. عسل
- 1 ت. زيت الكانولا
- 1 ر. خلاصة الفانيليا
- 1 ج. توت أزرق مذاب إذا تم تجميده
- مقبلات: شراب القيقب والفواكه الطازجة

تعليمات:
a) في وعاء ، اخلطي الدقيق ، البيكنج بودر ، البيكنج صودا والملح.
b) في وعاء منفصل ، اخلطي اللبن والبيض والبيض والعسل والزيت والفانيليا معًا.
c) يضاف خليط اللبن إلى خليط الدقيق. يقلب جيدا.
d) أضعاف في العنب البري بلطف.
e) سخني مقلاة مدهونة بقليل من الزيت على نار متوسطة. يضاف الخليط بمقدار نصف كوب ممتلئ.
f) اطبخي حتى تظهر الفقاعات في الأعلى ، حوالي 1 دقيقة.
g) دور؛ يُطهى الجانب الآخر حتى يصبح ذهبيًا ، حوالي 1 دقيقة.
h) أضف المزيد من الفاكهة الطازجة أو شراب القيقب حسب الرغبة.

.15 <u>فطائر التوت الأزرق المثالية</u>

يصنع: دزينة من الفطائر

مكونات:
- 1 ج. لبن
- نصف كوب ماء
- 1 ج. بالإضافة إلى 2 تيرا دقيق القمح الكامل
- نصف كوب دقيق ذرة
- 1 ر. مسحوق الخبز
- ½ ر. صودا الخبز
- ¼ ر. ملح
- 1 ج. توت
- 2 ت. زيت مقسم
- مقبلات: مربى أو شراب

تعليمات:
a) اخلطي الحليب والماء معًا في وعاء صغير. اجلس جانبا. نخلط الدقيق ، دقيق الذرة ، مسحوق الخبز ، صودا الخبز والملح في وعاء كبير. اخلط جيدا. يقلب في خليط الحليب حتى يتجانس.

b) أضعاف في العنب البري. دعها تقف 5 دقائق.

c) سخني ملعقة كبيرة من الزيت في مقلاة كبيرة على نار متوسطة. صب نصف كوب من الخليط لكل فطيرة في مقلاة ؛ اطبخي حتى تجف الحواف قليلاً في الأعلى.

d) يقلب ويطهى الجانب الآخر حتى يصبح ذهبيًا. كرر مع الزيت المتبقي والعجين.

e) قدميها دافئة مع المربى أو الشراب حسب الرغبة.

16. <u>عنبية سبيرولينا الشوفان بين عشية وضحاها</u>

يجعل: 1

مكونات:
● نصف كوب شوفان
● 1 ملعقة كبيرة جوز هند مبشور
● ⅛ ملاعق صغيرة قرفة
● ½ ملاعق صغيرة سبيرولينا
● نصف كوب حليب نباتي
● 1 ½ ملاعق كبيرة زبادي نباتي
● كوب توت مجمد
● 1 ملعقة صغيرة من بذور القنب اختياري
● 1 كيوي مقطع شرائح

تعليمات:
a) في وعاء أو وعاء نضيف الشوفان وجوز الهند المبشور والقرفة والسبيرولينا. ثم يضاف الحليب النباتي وجوز الهند أو اللبن الطبيعي.
b) أضيفي العنب البري المجمد والكيوي على الوجه. ضعه في الثلاجة طوال الليل ، أو على الأقل لمدة ساعة أو أكثر.
c) قبل التقديم تضاف بذور القنب حسب الرغبة. يتمتع!

17. بودينج لايم كتان

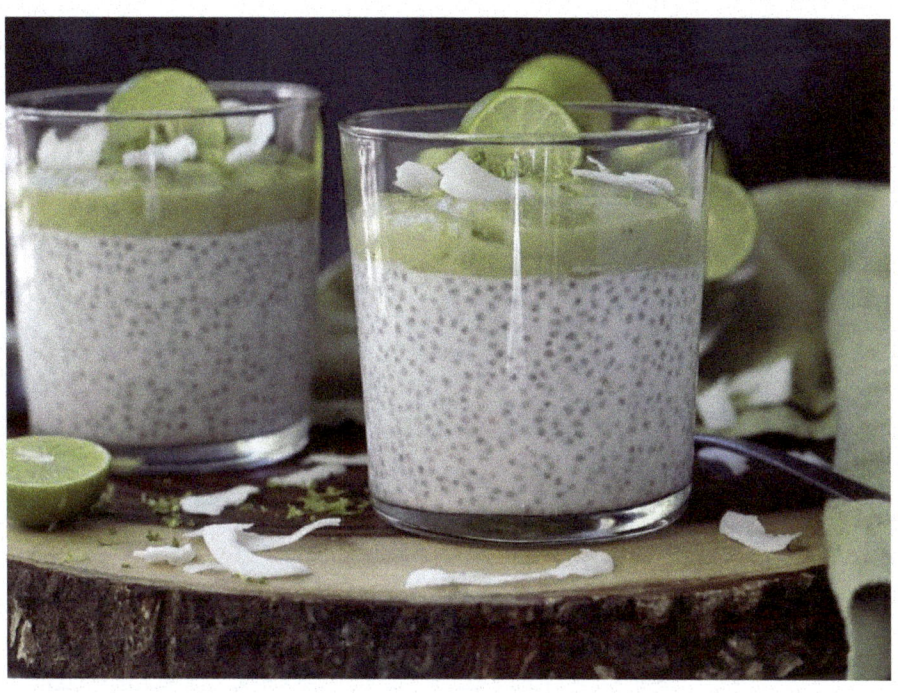

يجعل: 1 حصة

مكونات:
- 1 كوب 2٪ حليب
- 1 كوب 2٪ زبادي يوناني عادي
- نصف كوب بذور الكتان
- 2 ملاعق كبيرة عسل
- 2 ملاعق كبيرة سكر
- 2 ملاعق صغيرة من قشر الليمون
- 2 ملاعق كبيرة عصير ليمون طازج
- 1 ملعقة صغيرة فانيليا
- 1 كوب فراولة مقطعة و توت أزرق
- ربع كوب مانجو مكعبات ونصف كوب كيوي مكعبات

تعليمات:
d) في وعاء كبير ، اخفقي الحليب واللبن وبذور الكتان والعسل والسكر وقشر الليمون وعصير الليمون والفانيليا والملح معًا حتى تمتزج جيدًا.
e) قسّم الخليط بالتساوي إلى أربع عبوات.
f) غطيه وضعيه في الثلاجة طوال الليل أو لمدة تصل إلى 5 أيام.
g) تقدم باردة ، مغطاة بالفراولة ، المانجو ، الكيوي ، والتوت الأزرق.

18. <u>أطباق الإفطار بجوز الهند والكينوا</u>

يجعل: 4

مكونات:

- 1 ملعقة طعام زيت جوز الهند
- 1½ كوب كينوا حمراء أو سوداء مغسولة
- علبة 14 أونصة من حليب جوز الهند الخفيف غير المحلى ، بالإضافة إلى المزيد للتقديم
- 4 أكواب ماء
- ملح البحر ناعم
- ملاعق كبيرة من العسل أو الصبار أو شراب القيقب
- 2 ملاعق صغيرة من خلاصة الفانيليا
- زبادي جوز الهند
- توت
- غوجي التوت
- بذور اليقطين المحمص
- رقائق جوز الهند المحمصة غير المحلاة

تعليمات:

a) سخني الزيت في قدر على نار متوسطة. أضيفي الكينوا والخبز المحمص لمدة دقيقتين مع التحريك المتكرر. قلّب ببطء علبة حليب جوز الهند والماء ورشة ملح. سوف تنفجر الكينوا وتندفع في البداية ولكنها تستقر بسرعة.

b) يُغلى المزيج ، ثم يُغطّى ، خفّف الحرارة إلى درجة منخفضة ، ويُترك على نار خفيفة حتى يصل إلى قوام كريمي طري ، حوالي 20 دقيقة. يُرفع عن النار ويُضاف العسل ، الصبار ، شراب القيقب ، والفانيليا.

c) للتقديم ، قسّم الكينوا على أوعية. أضيفي حليب جوز الهند ، ولبن جوز الهند ، والتوت ، وتوت غوجي ، وبذور اليقطين ، ورقائق جوز الهند.

19. <u>سلطة إفطار بلويبري</u>

مكونات:

سلطة:

- 2 رطل سلطة خضراء مشكلة ممزقة
- 4 أكواب من العنب البري الطازج
- 4 أكواب برتقال طازج
- 2 كوب جرانولا

مثقبة

- 1 كوب زيت جوز الهند
- 1 كوب من العنب البري المجمد ، مذاب
- 1 ملعقة كبيرة خردل ديجون
- 2 ملاعق كبيرة سكر بني
- 2 ملاعق صغيرة كراث مفروم
- نصف ملعقة صغيرة ملح كوشير
- نصف ملعقة صغيرة فلفل مطحون
- نصف ملعقة صغيرة بابريكا

تعليمات:

a) **لتحضير صلصة الخل:**أضف جميع المكونات إلى الخلاط أو معالج الطعام واخلطها حتى يصبح المزيج ناعمًا. تبرد لمدة 30 دقيقة على الأقل لخلط النكهات. يصنع: 2 كوب.

b) اخلط جميع خضار السلطة مع صلصة خل التوت وقسم الخضار بين ثمانية أطباق كبيرة.

c) رتبي شرائح البرتقال والتوت فوق كل سلطة.

d) رشي كل سلطة بالجرانولا وقدميها على الفور.

20. وافل التوت الازرق

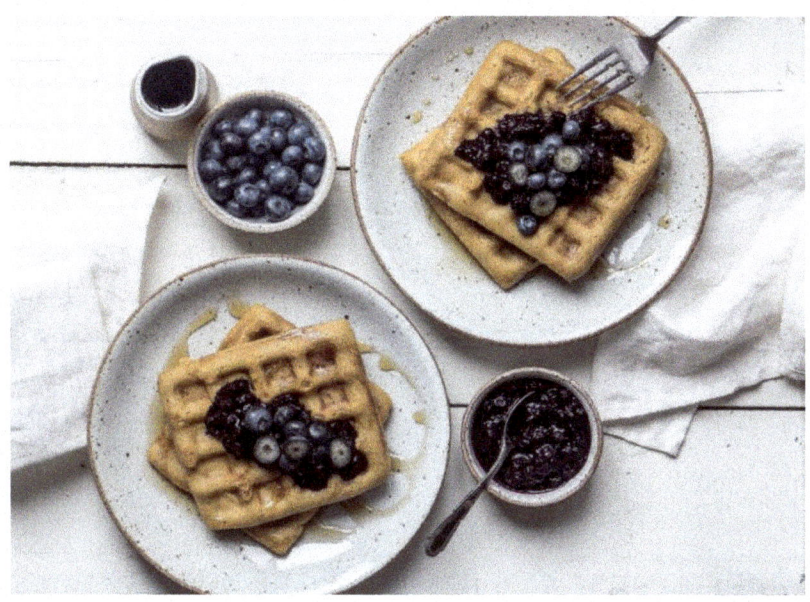

تكفي: 4-6 حصص

مكونات:

- 1½ كوب دقيق لجميع الأغراض
- 2/1 كوب دقيق ذرة أصفر
- نصف كوب سكر حبيبي
- نصف ملعقة صغيرة ملح كوشير
- 1½ ملعقة صغيرة بيكنج بودر
- 1¼ كوب لبن
- 2 بيضة مخفوقة قليلاً
- نصف كوب (1 عصا) زبدة غير مملحة ذائبة
- كوب توت مجمد مذاب

تعليمات:

a) سخن مكواة الوافل.

b) في وعاء خلط كبير ، اخلطي الطحين ودقيق الذرة والسكر والملح والبيكنج باودر. اخلطي المكونات الجافة حتى تمتزج جيدًا.

c) في وسط المكونات الجافة ، اصنع حفرة صغيرة. أضيفي اللبن الرائب والبيض والزبدة المذابة. تخلط بالمضرب حتى تمتزج جيداً. ثم قم بطي العنب البري في الخليط.

d) رش مكواة الوافل برذاذ طهي غير لاصق. ضعي 1 إلى 14 كوب من الخليط على المكواة ، واطهيه حتى تصبح الأجزاء الخارجية لطيفة وهشة. كرر حتى لا يكون هناك المزيد من الخليط. قدميه واستمتع بإضافاتك المفضلة.

21. <u>بايتس بان كيك بالتوت الأزرق</u>

مكونات:

● عنبية مجمدة - نصف كوب
● دقيق جوز الهند - نصف كوب
● مسحوق الخبز - 1 ملعقة صغيرة
● ملح - نصف ملعقة صغيرة
● سويرف محلي - نصف كوب
● قرفة - نصف ملعقة صغيرة
● مستخلص الفانيليا غير المحلي - نصف ملعقة صغيرة
● زبدة ، مغذى على العشب ، غير مملحة ، ذائبة - نصف كوب
● بيض مرعى - 4
● ماء - نصف كوب

تعليمات:

a) اضبط الفرن على 350 درجة فهرنهايت واتركه يسخن حتى يصبح المافن جاهزًا للخبز.

b) يكسر البيض في وعاء ، ويضاف الفانيليا والمُحلى ، ويُخفق باستخدام الخلاط الغاطس حتى يمتزج ثم يُمزج في الملح ، والقرفة ، والزبدة ، والبيكنج بودر ، والدقيق حتى يتجانس الخليط ويصبح ناعمًا.

c) اترك الخليط لمدة 10 دقائق أو حتى يتكاثف ثم اخلطه في الماء حتى يتجانس.

d) خذ صينية مافن صغيرة مكونة من 25 كوبًا من السيليكون ، ودهن الكؤوس بزيت الأفوكادو ، ثم اغرف الخليط المحضر بالتساوي ووزع عليها القليل من العنب البري ، واضغط على التوت برفق في الخليط.

e) ضعي صينية المافن في الفرن واخبزي المافن لمدة 25 دقيقة أو حتى ينضج تمامًا ويصبح سطحها ذهبيًا بنيًا.

f) عند الانتهاء ، أخرج الكعك من الدرج وقم بتبريده على الرف السلكي.

g) ضعي المافن في كيس تجميد كبير أو قسّميها بالتساوي في عبوات واحفظيها في الثلاجة لمدة أربعة أيام أو في الفريزر لمدة تصل إلى 3 أشهر.

h) عندما تصبح جاهزًا للتقديم ، ضعي الفطائر في الميكروويف لمدة 45 ثانية إلى دقيقة واحدة أو حتى تسخينها تمامًا.

22. <u>إفطار جوز الهند واللوز</u>

مكونات:

- 2 ملاعق كبيرة بيبيتاس مشوي
- نصف كوب حليب جوز الهند
- 2 ملعقة كبيرة لوز مقطع
- 1 ملعقة طعام من بذور الشيا
- نصف كوب ماء
- حفنة واحدة من العنب البري

تعليمات:

a) في معالج الطعام أو الخلاط ، اخلطي البيبيتاس مع اللوز واخلطيهم جيدًا.

b) رتبي وعاءً فوريًا فوق منصة جافة في مطبخك. افتح الغطاء العلوي وقم بتشغيله.

c) أضف بذور الشيا بالماء وحليب جوز الهند. يحرك بلطف لخلط جيدا.

d) أضيفي خليط البيبيتا وامزجي.

e) أغلق الغطاء لإنشاء غرفة مغلقة ؛ تأكد من أن صمام الأمان في وضع القفل.

f) ابحث عن وظيفة الطهي "MANUAL" واضغط عليها ؛ مؤقت لمدة 5 دقائق مع وضع الضغط الافتراضي "عالي".

g) اسمح للضغط بالتراكم لطهي المكونات.

h) بعد انتهاء وقت الطهي ، اضغط على إعداد "CANCEL". ابحث عن وظيفة الطهي "QPR" واضغط عليها. هذا الإعداد للإفراج السريع عن الضغط الداخلي.

i) تقدم مع التوت الأزرق.

23. <u>بان كيك الموز والتوت</u>

يصنع: 4 حصص

مكونات:
- 1 موزة ناضجة مهروسة
- 2 كوب حليب صويا
- 2 ملاعق كبيرة سمن نباتي مذاب
- 1 ملعقة صغيرة من خلاصة الفانيليا النقية
- 11/2 كوب دقيق لجميع الأغراض
- 1/2 كوب شوفان سريع الطهي
- 2 ملاعق كبيرة سكر
- 0.5 ملعقة صغيرة بيكنج بودر
- 1 ملعقة صغيرة قرفة مطحونة
- 1/2 ملعقة صغيرة بهارات مطحونة
- 1/2 ملعقة صغيرة جوزة الطيب
- 1/2 ملعقة صغيرة ملح
- 1 كوب من العنب البري الطازج
- زيت الكانولا أو زيت بذور العنب للقلي

تعليمات:
a) في وعاء كبير ، اخلطي الموز وحليب الصويا والسمن المذاب والفانيليا واخلطيهم جيدًا. اجلس جانبا.

b) في وعاء كبير منفصل ، اخلطي الدقيق والشوفان والسكر والبيكنج بودر والقرفة والبهارات وجوزة الطيب والملح. أضف المكونات الرطبة إلى المكونات الجافة واخلطها مع القليل من الضربات السريعة. أضعاف في العنب البري. سخني الفرن إلى 225 درجة فهرنهايت.

c) في صينية أو مقلاة كبيرة ، سخني طبقة رقيقة من الزيت على نار متوسطة عالية. مغرفة من 14 كوب إلى 13 كوب ممتلئة من الخليط على صينية الخبز الساخنة. اطبخي حتى تظهر فقاعات صغيرة في الأعلى ، حوالي 3 دقائق.

d) اقلب الفطائر واطبخها حتى يصبح الوجه الثاني بنيًا ، حوالي 2 إلى 3 دقائق.

e) انقلي الفطائر المطبوخة إلى طبق عازل للحرارة واحتفظي بالدفء في الفرن أثناء طهي الباقي.

24. وافل التوت بالليمون

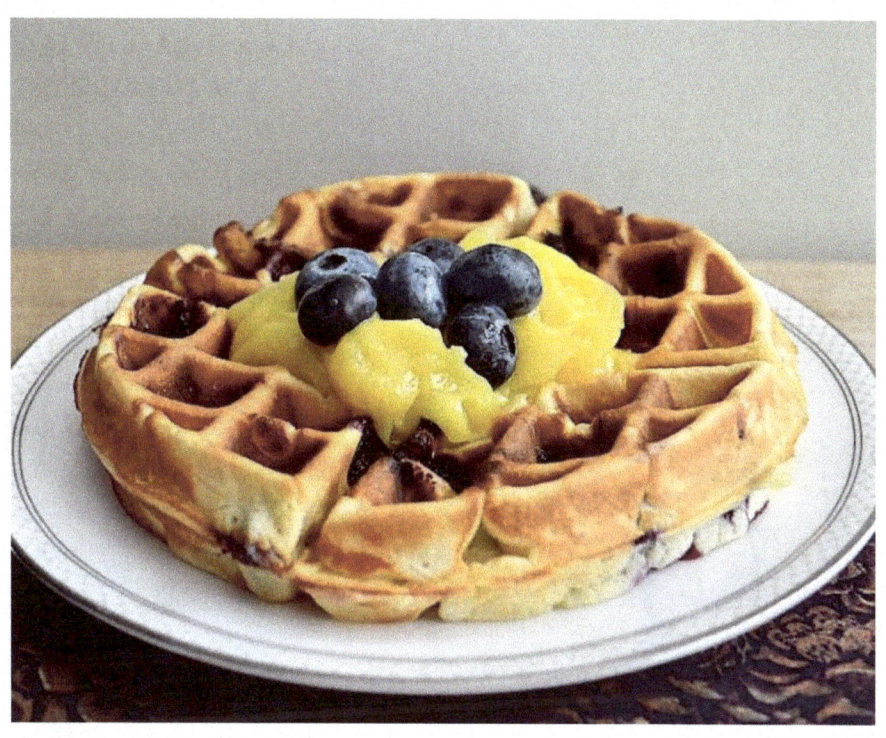

يصنع: 4 حصص

مكونات:
- 11/2 كوب دقيق لجميع الأغراض
- 1/2 كوب شوفان عتيق
- 1/4 كوب سكر
- ملاعق صغيرة بيكنج بودر
- 1/2 ملعقة صغيرة ملح
- 1 ملعقة صغيرة قرفة مطحونة
- 2 كوب حليب صويا
- 1 ملعقة كبيرة عصير ليمون طازج
- 1 ملعقة صغيرة من قشر الليمون
- 1/4 كوب سمن نباتي مذاب
- 12 كوب من العنب البري الطازج

تعليمات:
a) ادهني مكواة الوافل بالقليل من الزيت وقم بتسخينها. سخني الفرن إلى 225 درجة فهرنهايت.

b) في وعاء كبير ، اخلطي الدقيق ، الشوفان ، السكر ، البيكنج بودر ، الملح والقرفة. اجلس جانبا.

c) في وعاء كبير منفصل ، اخفقي حليب الصويا وعصير الليمون وقشر الليمون والسمن. أضيفي المكونات المبللة إلى المكونات الجافة واخلطيها مع القليل من الضربات السريعة ، واخلطيها حتى تمتزج تمامًا. أضعاف في العنب البري.

d) ضعي 12 إلى 1 كوب من الخليط (وفقًا لتعليمات مكواة الوافل) على مكواة الوافل الساخنة. يُطهى حتى ينضج ، من 3 إلى 5 دقائق لمعظم مكواة الوافل. انقلي الوافل المطبوخ إلى طبق عازل للحرارة واحتفظي بالدفء في الفرن أثناء طهي الباقي.

25. نخب التوت الأزرق الفرنسي

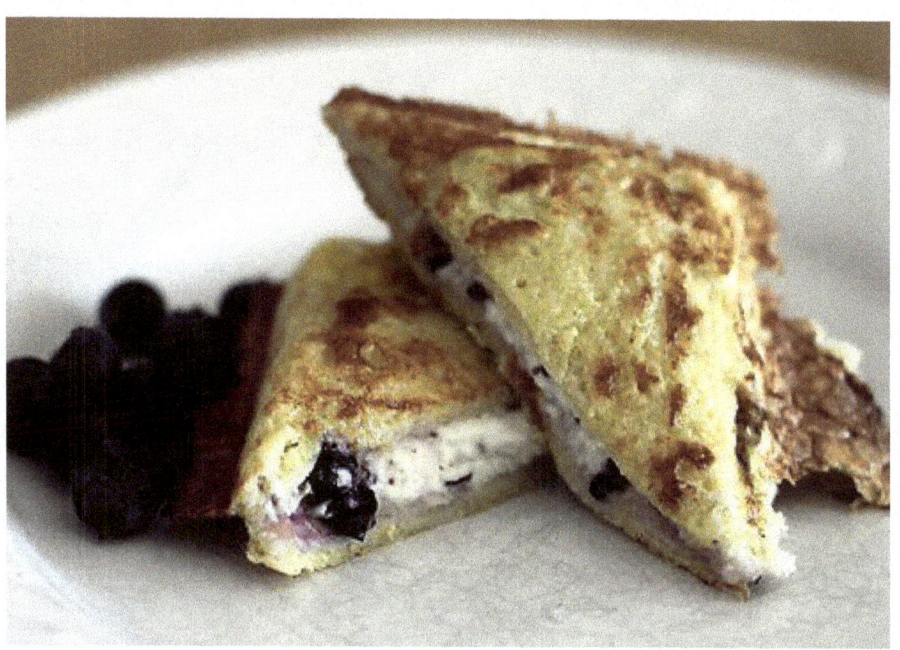

يجعل: 2

مكونات:
- 8 قطع خبز قمح كامل طازج ، مقطع شرائح
- 5 بيض مخفوق
- 44 مل من الحليب
- 85 جرام شراب القيقب
- نصف ملاعق صغيرة ملح البحر
- ½ ملعقة صغيرة قرفة مطحونة
- 125 جرام من العنب البري
- 6 ملاعق كبيرة زيت زيتون
- 8 ملاعق زبدة

تعليمات:
a) رشي زيت الزيتون في مقلاة أو طبق كبير من الحديد الزهر.
b) يُمزج البيض والحليب وشراب القيقب والملح والقرفة في طبق خلط كبير.
c) اغمس كل شريحة من الخبز في الصلصة.
d) ضعي الخبز في المقلاة وانقعيه لمدة 5-10 دقائق في خليط البيض.
e) ضع العنب البري فوق الخبز.
f) تُخبز في حرارة الفرن المتبقية حتى يتشرب خليط البيض ويتحول لون الخبز إلى اللون البني الذهبي.
g) أخرجه من الفرن ورشه بشراب القيقب والزبدة.

26. <u>الجرانولا مع الزهور الصالحة للأكل</u>

مكونات:

- عصير نصف ليمونة
- نكهة من 1 ليمونة
- نصف كوب سكر
- 1 صفار بيضة
- 2 ملاعق كبيرة زبدة مقطعة إلى صغيرة
- نصف كوب زبادي يوناني
- نصف كوب لوز محمص
- نصف كوب توت
- نصف كوب جرانولا
- الزنابق ، nasturtiums ، والقرنفل

تعليمات:

a) في وعاء ضع عصير الليمون وقشر الليمون والسكر وصفار البيض.

b) يُطهى مع التحريك باستمرار بملعقة خشبية حتى يصبح سميكًا.

c) عندما تصبح جاهزًا ، ضعيها على الجانب وأضيفي الزبدة وقطعيها إلى قطع. قلبها حتى تذوب الزبدة واتركها لتبرد. عندما يكون الجو باردًا ، أضف الزبادي واخلطه.

d) نخب اللوز في مقلاة بملعقة صغيرة من الزيت.

e) عندما تكون جميع المكونات جاهزة ، ابدأ في وضع جميع المكونات في طبقات.

f) ابدئي بالجرانولا ، ثم نصف المكسرات ، ومزيج الزبادي والليمون ، والتوت ، وبقية المكسرات ، وغطيها بباقي مزيج الزبادي ، وزينها بالزهور الصالحة للأكل.

وجبات خفيفة

27. قوس قزح الحمص الخضار دواليب

مكونات:

- 2 ملاعق كبيرة حمص
- 1 تورتيلا سبانخ (8 إنش)
- كوب فلفل أحمر مقطع إلى شرائح رفيعة
- 12 كوب فلفل أصفر مقطع إلى شرائح رفيعة
- 2/1 كوب جزر مقطع شرائح رقيقة
- نصف كوب من الخيار المقطع إلى شرائح رفيعة
- نصف كوب سبانخ صغيرة
- كوب كرنب أحمر مبروش
- نصف كوب من براعم البرسيم
- نصف كوب فراولة
- نصف كوب توت

تعليمات:

a) انشر الحمص على سطح التورتيلا في طبقة متساوية ، مع ترك حدود بحجم بوصة. ضعي الفليفلة الحلوة والجزر والخيار والسبانخ والملفوف والبراعم في وسط التورتيلا.
b) ضعي الحافة السفلية من التورتيلا بإحكام فوق الخضار مع طي الجوانب. استمر في التقليب حتى تصل إلى قمة التورتيلا. قطع إلى أسداس.
c) ضع دواليب الهواء والفراولة والعنب البري في وعاء تحضير الوجبات. برد لمدة 3 إلى 4 أيام.

28. <u>مزيج درب</u>

يصنع: حوالي 2 كوب

مكونات:
- 1 كوب (15 جم) فشار
- نصف كوب (40 جم) فول سوداني محمص
- ربع كوب (40 جم) لوز محمص
- نصف كوب (40 جم) بذور يقطين
- نصف كوب (35 جم) توت مجفف بدون سكر مضاف
- 2 ملاعق كبيرة رقائق الشوكولاتة الداكنة (اختياري)
- رشة قرفة (اختياري)
- قليل من الملح

تعليمات:
a) اخلط جميع المكونات معًا ، واضبط القرفة والملح حسب الرغبة.
b) تخزينها في وعاء محكم.
c) يدوم حتى أسبوعين في المخزن.

29. <u>فراولة محشية بالنوتيلا</u>

مكونات:

- 30 حبة فراولة مقطعة إلى شرائح
- علبة (7 أونصات) كريمة مخفوقة
- جرة نوتيلا سعة 13 أونصة
- 30 حبة من التوت الأزرق الطازج
- 1 (14.4 أونصة) عبوة بسكويت غراهام الصغير

تعليمات:

a) أولاً ، قم بقطع الجزء السفلي من كل فراولة واصنع ثقبًا في كل منها من الأعلى.
b) الآن ضعي الكريمة المخفوقة والبندق في هذه الفتحة ، وضعي فوقها بلوبيري واحد.
c) غطيها بسكويت غراهام قبل التقديم.

30. <u>بيتزا العنب والتوت النباتي</u>

يجعل: 12

مكونات:

- 1 سكر كوكيز كرست

حشوة الجبن بالقشطة

- 8 أونصات نباتي جبنة كريمية قابلة للدهن
- 1 علبة حليب جوز الهند كامل الدسم ، مواد صلبة منزوعة الدسم
- نصف كوب سكر بودرة
- 1 ملعقة صغيرة. خلاصة الفانيليا

زينة الفاكهة

- 8 حبات فراولة كبيرة مقطعة إلى شرائح
- 4 حبات كيوي مقشرة ومقطعة إلى شرائح
- نصف كوب توت
- ½ كوب عنب مقطع أنصاف
- نصف كوب توت
- 2 ملاعق كبيرة شراب بسيط

تعليمات

a) سخني الفرن إلى 350 درجة فهرنهايت. رش صينية بيتزا مقاس 14 بوصة برذاذ الطبخ واتركها جانبًا.

b) انشر عجينة البسكويت بالتساوي في صينية البيتزا المعدة. اصنع بعض الثقوب في القشرة بالشوكة واخبز القشرة لمدة 12-15 دقيقة ، حتى تصبح الحواف ذهبية اللون وتُخبز البسكويت في المنتصف. أخرجيها من الفرن وضعيها في الثلاجة أو الفريزر حتى تبرد.

c) اصنع حشوة الجبنة الكريمية. لعمل الحشوة ، أخرج المواد الصلبة من حليب جوز الهند في وعاء متوسط الحجم. يُضاف الجبن النباتي على طريقة الدهن والسكر والفانيليا ويُمزج بمضرب يدوي حتى يصبح ناعمًا تمامًا. ضعه في الثلاجة حتى يصبح جاهزًا للاستخدام.

d) اجمع البيتزا. بمجرد أن يبرد ملف تعريف الارتباط ، يعلوه حشوة الجبن الكريمي ، وينتشر حتى باستخدام ملعقة تعويض. أعد البيتزا إلى الثلاجة للسماح بالحشو أثناء تحضير الفاكهة.

e) قطعي الفراولة والكيوي إلى شرائح. نقطع العنب إلى نصفين. قم بتزيين البيتزا المبردة بالتوت الطازج ، وزينها في دوائر متحدة المركز. ادهن التوت بالشراب البسيط لإضفاء لمعان عليه.

f) قدميها على الفور أو ارجعيها إلى الثلاجة حتى تصبح جاهزة للتقديم.

31. <u>بطاطا حلوة محشية</u>

يجعل: 1

مكونات:
- 1 كوب ماء
- 1 بطاطا حلوة
- 1 ملعقة كبيرة شراب القيقب النقي
- 1 ملعقة كبيرة زبدة لوز
- 1 ملعقة كبيرة جوز البقان المفروم
- 2 ملاعق كبيرة من العنب البري
- 1 ملعقة صغيرة من بذور الشيا
- 1 ملعقة صغيرة معجون كاري

تعليمات:

a) أضف كوبًا واحدًا من الماء ورف القدر البخاري في وعاء التحضير الفوري.

b) أغلق الغطاء وضع البطاطا الحلوة على الرف ، مع التأكد من أن صمام التحرير في الموضع الصحيح.

c) سخن القدر الفوري على ضغط مرتفع لمدة 15 دقيقة يدويًا. سوف يستغرق الضغط بضع دقائق حتى يتراكم.

d) بعد انتهاء المؤقت ، اترك الضغط ينخفض بشكل طبيعي لمدة 10 دقائق. لتفريغ أي ضغط متبقٍ ، قم بتدوير صمام التحرير.

e) بمجرد سقوط صمام العوامة ، قم بإزالة البطاطا الحلوة عن طريق فتح الغطاء.

f) عندما تبرد البطاطا الحلوة بدرجة كافية لتحملها ، اقطعها إلى نصفين واهرس اللب بشوكة.

g) ضعي عليها جوز البقان ، والتوت الأزرق ، وبذور الشيا ، ثم رشي عليها شراب القيقب وزبدة اللوز.

32. كعكات التوت والليمون

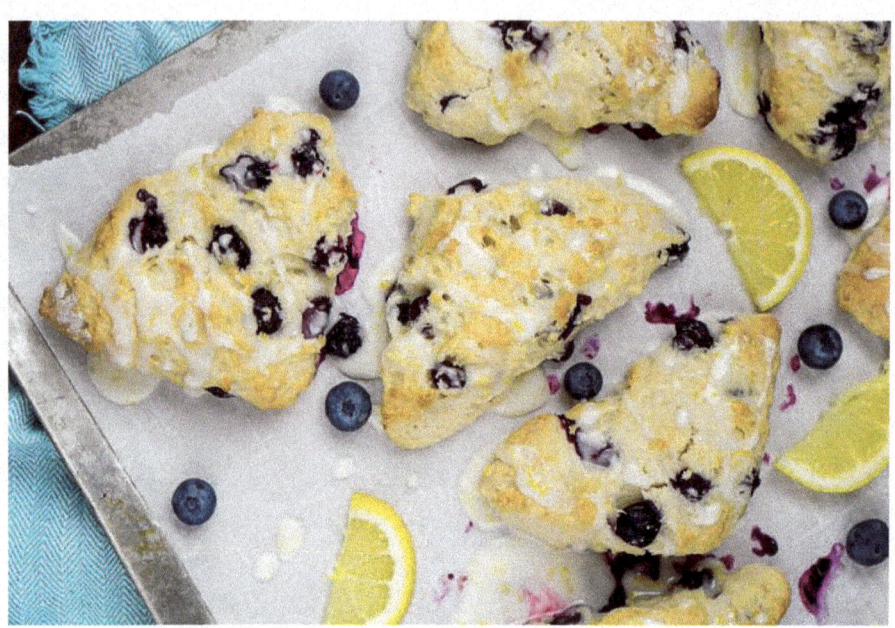

يجعل: 6

مكونات:
- 2 كوب طحين لجميع الأغراض
- 1 ملعقة كبيرة بيكنج بودر
- 2 ملاعق صغيرة سكر
- 1 ملعقة صغيرة ملح كوشير
- 2 أوقية زيت جوز الهند المكرر
- 1 كوب من العنب البري الطازج
- 2/1 أونصة قشر ليمون
- 8 أونصات من حليب جوز الهند

تعليمات:
a) اخلطي زيت جوز الهند مع الملح والسكر والبيكنج بودر والدقيق في محضر الطعام.
b) انقل خليط الدقيق هذا إلى وعاء الخلط.
c) أضيفي الآن حليب جوز الهند وقشر الليمون إلى خليط الدقيق ، ثم اخلطيهم جيدًا.
d) أضيفي العنب البري واخلطي العجينة المجهزة جيداً حتى تصبح ناعمة.
e) افردي عجينة التوت الأزرق على شكل دائري مقاس 7 بوصات وضعيها في مقلاة.
f) ضعي عجينة التوت في الثلاجة لمدة 15 دقيقة ، ثم قطعيها إلى 6 أسافين.
g) ضع طبقة من ورق البرشمان على طبق سير.
h) ضع أسافين التوت الأزرق في طبق سير بليت المبطن.
i) انقلي الكعكات إلى فرن Air Fryer وأغلق الباب.
j) حدد وضع "Bake" بتدوير القرص.
k) اضغط على زر TIME / SLICES وقم بتغيير القيمة إلى 25 دقيقة.
l) اضغط على زر TEMP / SHADE وقم بتغيير القيمة إلى 400 درجة فهرنهايت.
m) اضغط على Start / Stop لبدء الطهي.
n) قدميها طازجة.

33. <u>كعكة بالتوت البري</u>

يجعل: 6

مكونات:
- 1 بيضة مخفوقة
- 1 موزة ناضجة مقشرة ومهروسة
- 1¼ كوب طحين لوز
- 2 ملاعق كبيرة من السكر الحبيبي
- نصف ملعقة صغيرة بيكنج بودر
- 1 ملعقة طعام زيت جوز هند مذاب
- ربع كوب شراب القيقب
- 1 ملعقة صغيرة خل التفاح
- 1 ملعقة صغيرة فانيليا
- 1 ملعقة صغيرة من قشر الليمون المبشور
- رشة قرفة مطحونة
- نصف كوب من العنب البري الطازج

تعليمات:
a) في وعاء كبير ، أضيفي جميع المكونات ما عدا العنب البري واخلطي حتى تمتزج جيدًا.
b) بلطف أضعاف في العنب البري.
c) دهن صينية مافن 6 أكواب.
d) ضع الخليط في أكواب مافن جاهزة حوالي نصف ممتلئة.
e) اضغط على زر AIR OVEN MODE في فرن Air Fryer وأدر القرص لتحديد وضع "Bake".
f) اضغط على زر TIME / SLICES وأدر القرص مرة أخرى لضبط وقت الطهي على 12 دقيقة.
g) الآن اضغط على زر TEMP / SHADE وقم بتدوير القرص لضبط درجة الحرارة عند 375 درجة فهرنهايت.
h) اضغط على زر "بدء / إيقاف" للبدء.
i) عندما تصدر الوحدة صفيرًا لتوضيح أنها مسخنة مسبقًا ، افتح باب الفرن.
j) رتبي صينية المافن فوق الرف السلكي وأدخليها في الفرن.
k) عند اكتمال وقت الطهي ، افتح باب الفرن وضع قوالب المافن على رف سلكي لتبرد لمدة 10 دقائق تقريبًا.
l) اقلب الكعك بعناية على الرف السلكي ليبرد تمامًا قبل التقديم.

34. قنابل الدهون عنبية

يجعل: 6

مكونات:
- 5 ملاعق كبيرة زبدة
- 3 ملاعق كبيرة زيت جوز الهند
- 2 ملاعق كبيرة من شراب التوت الخالي من السكر
- 2 ملاعق كبيرة مسحوق كاكاو

تعليمات:
a) تُطهى جميع المكونات في قدر على نار خفيفة مع التحريك باستمرار حتى يمتزج كل شيء بشكل صحيح. يُسكب المزيج في قوالب سيليكون ويوضع في الفريزر لمدة 3 ساعات على الأقل.

b) يخدم.

35. قنابل شوكولاتة توت شوكولاتة سهلة

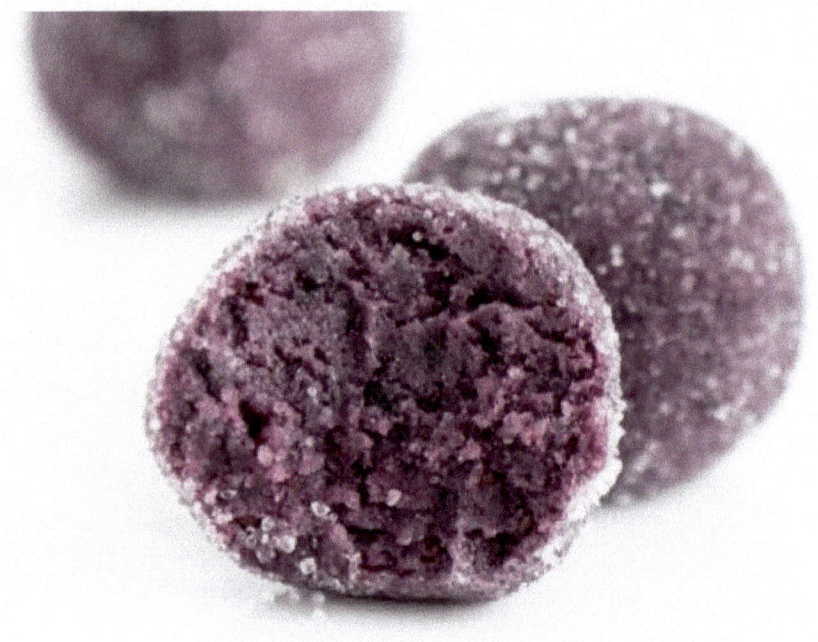

يجعل: 12

مكونات:
● 5 ملاعق كبيرة. سمنة
● 3 ملاعق كبيرة. زيت جوز الهند
● 2 ملعقة طعام. شراب التوت الخالي من السكر
● 2 ملعقة طعام. مسحوق الكاكاو

تعليمات:
a) قم بطهي جميع المكونات في قدر على نار خفيفة حتى يتم خلط كل شيء بشكل صحيح.
b) صب الخليط في قالب سيليكون وضعه في الفريزر لمدة 3 ساعات على الأقل.

36. <u>عنبية بيروجي</u>

يصنع: 48-50

مكونات:

للعجين

- 2 كوب (500 جم) دقيق لجميع الأغراض
- 1 كوب حليب نباتي ساخن
- 1 ملعقة صغيرة ملح

لتعبئة التوت

- 2 كوب توت / توت بري
- 1 ملعقة كبيرة دقيق لجميع الأغراض

تتصدر

- كريم محلى 12٪ او 18٪
- قليل من السكر البودرة / البودرة ، للرش

تعليمات:

للعجين

a) ينخل الدقيق ويصنع ثقبًا في وسط قبة الدقيق. صب كمية قليلة من الحليب النباتي الساخن في الخليط وقلبه. اعجن بسرعة ، مع إضافة الحليب النباتي حسب الحاجة للحصول على عجينة ناعمة ومرنة.

b) افصل العجينة إلى عدة قطع. على سطح منضدة مطحون بالدقيق ، افردي الجزء الأول من العجين.

c) افردي العجين بالمسمار على شكل صفيحة رقيقة. استخدم قطاعة زجاجية أو دائرية لتقطيع العجين.

لتعبئة التوت

d) اشطف العنب البري الطازج تحت الماء الجاري البارد.

e) قم بإزالة التوت المجمد من الفريزر قبل صنع بيروجي (الزلابية أسهل في التجميع مع الفاكهة المجمدة)

f) جففيها على مناديل ورقية ، وزعيها على صينية ، ورشيها بملعقة كبيرة من الدقيق.

g) في وسط كل دائرة عجين ، ضعي ملعقة صغيرة من التوت الأزرق. تُطوى العجينة فوق الحشوة وتُجعد الأطراف معًا. استمري حتى تختفي العجينة والتوت.

الانتهاء

h) يُغلى الماء المملح في قدر. قلل الحرارة إلى مستوى منخفض واحتفظ بها هناك.

i) يُضاف الزلابية ويُطهى لمدة 5-6 دقائق ، أو حتى تطفو.

j) تحضير بعض الكريمة المحلاة في هذه الأثناء. ضعي القليل من الكريمة في حوض الخلط ، وأضيفي القليل من السكر البودرة / البودرة ، وقلبيهم جميعًا معًا. خذ قضمة ولاحظ ما إذا كانت حلوة بما فيه الكفاية. إذا لم يكن حلوًا بدرجة كافية ، أضف المزيد من السكر وحاول مرة أخرى.

k) باستخدام ملعقة مثقوبة ، أخرجي البيروجي من القدر. قدميها على أطباق مع القليل من الكريمة المحلاة في الأعلى.

37. <u>كوكيز عنبية وكريمة</u>

يصنع: 12 إلى 17 ملف تعريف ارتباط

مكونات:

- 225 غرام زبدة في درجة حرارة الغرفة [16 ملعقة كبيرة (2 عود)]
- 150 جم سكر حبيبي [كوب]
- 150 جم سكر بني فاتح [كوب معبأ بإحكام]
- 100 غرام جلوكوز [نصف كوب]
- 2 بيض
- 320 جرام دقيق [2 كوب]
- 2 غرام من مسحوق الخبيز [نصف ملعقة صغيرة]
- 1.5 غرام من صودا الخبز [نصف ملعقة صغيرة]
- 6 غرام ملح كوشير [1½ ملعقة صغيرة]
- ½ خدمة فتات الحليب
- 130 جرام من العنب البري المجفف [كوب]

تعليمات:

a) يُمزج الزبدة والسكريات والجلوكوز في وعاء خلاط قائم مزود بملحق المضرب والكريمة على درجة حرارة متوسطة إلى عالية لمدة 2 إلى 3 دقائق. اكشطي جوانب الوعاء وأضيفي البيض واخفقي لمدة 7 إلى 8 دقائق.

b) خففي سرعة الخلاط وأضيفي الدقيق والبيكنج بودر وصودا الخبز والملح. تخلط حتى تتماسك العجينة ، لا تزيد عن دقيقة واحدة. (لا تبتعد عن الماكينة خلال هذه الخطوة ، وإلا فإنك ستخاطر بخلط العجين أكثر من اللازم). اكشط جوانب الوعاء بملعقة.

c) على سرعة منخفضة ، أضيفي فتات الحليب واخلطيهم حتى يتجانسوا ، لمدة لا تزيد عن 30 ثانية. طارد فتات الحليب مع العنب البري المجفف واخلطهم لمدة 30 ثانية.

d) باستخدام مغرفة آيس كريم سعة 2 أونصة (أو ربع كوب) ، قسّم العجينة إلى صينية مبطنة بورق. اربت على قمم قباب عجينة البسكويت بشكل مسطح. غلفي الصينية بإحكام في غلاف بلاستيكي وضعيها في الثلاجة لمدة ساعة على الأقل ، أو حتى أسبوع. لا تخبز ملفات تعريف الارتباط في درجة حرارة الغرفة - فهي لن تُخبز بشكل صحيح.

e) سخني الفرن إلى 350 درجة فهرنهايت.

f) رتبي العجينة المبردة بمسافة لا تقل عن 4 بوصات على ورق برشمان أو صواني مبطنة بالسيلبات. اخبزيها لمدة 18 دقيقة. سوف تنتفخ ملفات تعريف الارتباط ، وتتشقق ، وتنتشر. بعد 18 دقيقة ، يجب أن يتحول لونها إلى اللون البني الخافت على الحواف مع بقاء اللون الأصفر الفاتح في المنتصف ؛ امنحهم دقيقة إضافية أو نحو ذلك إذا لم يكن الأمر كذلك.

g) قم بتبريد ملفات تعريف الارتباط تمامًا على أواني الألواح قبل نقلها إلى طبق أو في حاوية محكمة الإغلاق للتخزين. في درجة حرارة الغرفة ، تبقى ملفات تعريف الارتباط طازجة لمدة 5 أيام ؛ في الفريزر ، سيحتفظون بها لمدة شهر واحد.

38. <u>فطائر التوت / الذرة</u>

تكفي: 6 حصص

مكونات:

- نصف كوب طحين
- نصف كوب نشا ذرة
- 2 ملاعق كبيرة سكر
- 1 ملعقة صغيرة بيكنج بودر
- نصف ملعقة صغيرة ملح
- ¼ ملعقة كبيرة جوزة الطيب مطحونة
- نصف كوب حليب
- 2 بيضة، منفصل
- زيت نباتي
- 1½ كوب توت أزرق
- حلوى السكر والعسل

تعليمات:

a) في وعاء متوسط ، اخلطي الدقيق مع نشا الذرة والسكر والبيكنج بودر والملح وجوزة الطيب.

b) في كويين قياس ، اخلطي الحليب وصفار البيض والزيت معًا. تصب في خليط الدقيق. اخلط جيدا. سيكون الخليط قاسيًا. يقلب في العنب البري. اجلس جانبا.

c) في وعاء صغير مع الخلاط على ارتفاع ، يخفق بياض البيض حتى يتشكل القمم المتيبسة. باستخدام ملعقة مطاطية ، يُمزج نصف بياض البيض المخفوق برفق في الخليط حتى يمتزج جيدًا. ثم نضع ما تبقى من بياض البيض المخفوق في الخليط ،

d) أضيفي خليط الفطائر بعناية بواسطة ملعقة كبيرة ، قليلًا في كل مرة ، إلى الزيت الساخن. تقلى لمدة 3-4 دقائق ، مع التقليب مرة واحدة ، أو حتى يصبح لون الفطائر بنياً ذهبياً.

39. قضبان توت بري

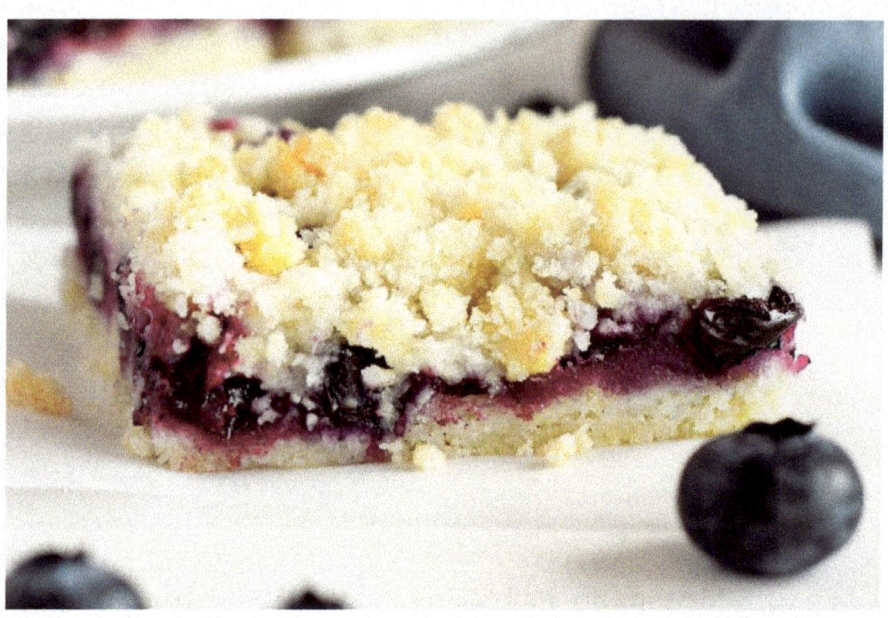

مكونات:

- 1½ كوب سكر
- 3 أكواب دقيق لجميع الأغراض غير مبيض
- 1 ملعقة صغيرة بيكنج بودر
- نصف ملعقة صغيرة ملح
- نكهة ليمون واحدة
- 1 بيضة كبيرة
- 8 أونصات من الزبدة الباردة غير المملحة ، مقطعة إلى أرباع
- 4 ملاعق صغيرة نشا ذرة
- 1 لتر من العنب البري

تعليمات:

a) سخني الفرن إلى 375 درجة فهرنهايت وادهن مقلاة مقاس 13 × 9 بوصة بالزبدة.

b) في وعاء كبير ، اخلطي كوبًا من السكر مع الدقيق والبيكنج باودر. أضف الملح وقشر الليمون.

c) ثم نضيف البيض والزبدة لتشكيل عجينة متفتتة. كان من الصعب جدًا مزجها بملعقتي (أوصت ديب بشوكة - من يعرف لماذا لم أستمع) ، مما جعل الأمر أكثر صعوبة لأنه لم يكن لدي مساحة كبيرة لأخدعها في وعاء. يسهل التعامل مع الزبدة قليلاً إذا طرت قليلاً ، على الرغم من أن العجين يصبح ملصقًا قليلاً بهذه الطريقة.

d) ضعي نصف العجينة في طبقة متساوية في المقالي.

e) في وعاء منفصل ، اخلطي ما تبقى من نصف كوب من السكر ونشا الذرة وعصير ليمونة واحدة.

f) اطوِ التوت الأزرق مع مزيج نشا الذرة. (قالت ديب في منشورها إن التوت الأزرق المجمد يعمل أيضًا).

g) انشر العنب البري المغطى بنشا الذرة في طبقة متساوية في المقلاة.

h) تُفتت العجينة المتبقية فوق العنب البري.

i) اخبزيها لمدة 45 دقيقة ، حتى يتحول لونها إلى اللون البني. دع الفتات تبرد تمامًا قبل تقطيعها إلى قطع.

40. كب كيك الليمون والتوت الأزرق

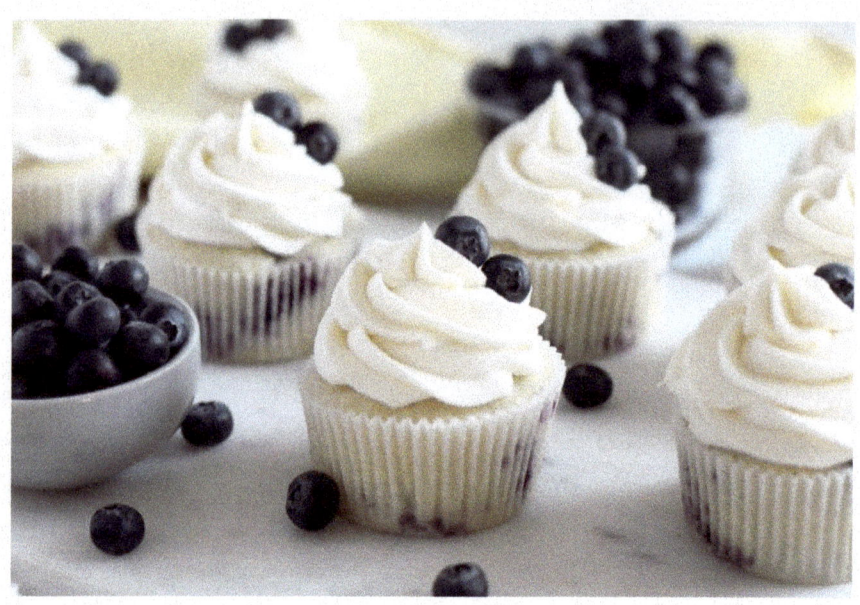

مكونات:

- 1⅓ كوب من مزيج الدقيق الخالي من الغلوتين
- 2 ملاعق كبيرة لوز مطحون
- نصف كوب سكر
- 1½ ملعقة صغيرة من مسحوق الخبز الخالي من الغلوتين
- نصف ملعقة صغيرة بيكربونات الصودا
- نصف ملعقة صغيرة صمغ الزانثان
- 4 ملاعق كبيرة زبدة عباد الشمس
- 1 بيض مرعي مجاني
- ½ كوب لبن
- كوب حليب نصف منزوع الدسم (2٪ قليل الدسم)
- 1 ليمون ، بشر وعصير ، مقسمة
- ¾ كوب من العنب البري الطازج أو المذاب المجمد
- نصف ملعقة صغيرة ملح البحر
- 1 كوب سكر بودرة

تعليمات:

a) سخني الفرن إلى 350 درجة فهرنهايت. خط 2 مافن علب 12 مغلفة كب كيك.

b) في قدر صغير ، ذوبي الزبدة واتركيه ليبرد قليلاً. في إبريق ، اخفقي البيض واللبن والحليب مع قشر الليمون المبشور جيداً والقشور المذابة.

c) في حالة استخدام التوت الأزرق المجمد المذاب ، جففه جيدًا على ورق المطبخ.

d) توضع جانباً 12 لتزيين الكيك الجاهز ثم توضع الباقي في وعاء صغير وتخلط بملعقة كبيرة من الدقيق.

e) في حامل أو خلاط طعام يدوي ، اخلطي الدقيق واللوز المطحون والسكر والبيكنج بودر والصودا وعلكة الزانثان والملح.

f) اصنعي فجوة في وسط الخليط الجاف واسكبي خليط اللبن / البيض. تخلط على سرعة منخفضة حتى تمتزج جيدًا.

g) أضيفي العنب البري واخلطيهم مرة أخرى على سرعة منخفضة حتى تمتزج. تُسكب العجينة في أغلفة الكيك المُعدّة بالملعقة.

h) اخبزيها لمدة 15-20 دقيقة أو حتى تعود الكب كيك عند لمسها برفق في المنتصف.

i) أخرجها من الفرن وانقلها لتبرد على رفوف سلكية.

j) اعصر الليمون. ضعي السكر البودرة (البودرة) في إبريق وأضيفي ما يكفي من عصير الليمون حتى يصبح قوامه سميكًا يشبه الكريمة.

k) استخدم ملعقة صغيرة لتوزيعها على الكب كيك وتزيينها بالتوت الأزرق المحجوز.

41. وجبة خفيفة من الفاكهة مع طحلب البحر

يصنع: 12 حصة

مكونات:

- 4 أكواب من العنب البري الطازج
- 2 ملاعق كبيرة بذور شيا ، مطحونة
- 1 ملعقة صغيرة قرفة
- 1 ملعقة صغيرة معجون التمر
- 1 ملعقة صغيرة عصير ليمون
- 1 ملعقة كبيرة فانيليا
- 2/1 كوب جل طحلب البحر

تعليمات:

a) في مطحنة التوابل ، اطحن بذور الشيا إلى مسحوق.

b) في خلاط عالي القوة ، اخلطي جميع المكونات حتى تصبح ناعمة. اتركه جانباً لمدة 10 دقائق للسماح لبذور الشيا بتكثيف الهريس.

c) انشر الخليط رقيقًا جدًا في المجفف أو في فرن منخفض جدًا وجففه لمدة 16 ساعة تقريبًا ، مع قلب الغلاف على منتصف الطريق.

d) قطع حسب رغبتك ، المتداول بالورق المشمع كما هو موضح.

الطبق الرئيسي

42. <u>شوربة الفراولة / التوت الأزرق</u>

يجعل: 4

مكونات:

- 1 رطل من الفراولة الطازجة أو العنب البري ، وتنظف جيدًا
- 1 2/1 كوب ماء
- 3 ملاعق كبيرة محلى نباتي
- 1 ملعقة كبيرة عصير ليمون طازج
- نصف كوب من مبيض قهوة الصويا أو الأرز
- اختياري: 2 كوب نودلز مطبوخة ومبردة

تعليمات:

a) في قدر متوسط الحجم ، اخلطي الفاكهة مع الماء وسخنيها حتى الغليان السريع.
b) خففي النار وغطيها واتركها تطهى لمدة 20 دقيقة أو حتى تصبح الثمرة طرية للغاية.
c) امزج في الخلاط حتى تصبح ناعمة. أعد البيوريه إلى القدر وأضف السكر وعصير الليمون والمبيض. اتركيه على نار هادئة لمدة 5 دقائق بعد التقليب.
d) قبل التقديم ، برد الحساء لمدة ساعتين على الأقل.
يتم تقديم هذا الحساء بشكل تقليدي بمفرده أو مع المعكرونة الباردة.

43. <u>أكلة التوت مع البوليطس</u>

يجعل: 4 حصص

مكونات:

● 8 أونصة بوليتوس طازج مقطع إلى شرائح
● 1 بصلة صغيرة مفرومة فرما ناعما
● 1 أونصة زبدة
● 5 أونصات من أرز ريزوتو ؛ غير مصقول
● 5 أونصة توت أزرق
● ¼ كوب نبيذ أبيض جاف
● 1¾ كوب مرقة
● نصف كوب زيت زيتون
● 1 غصن زعتر
● 1 فص ثوم مهروس
● 2 أوقية زبدة

تعليمات:

a) في قدر ، سخني الزبدة واقلي البصل. يُضاف الأرز والتوت ويُقلى لفترة وجيزة.
b) رطب بالنبيذ ، واطبخ حتى يمتص ؛ بلل بالمرق واتركيها حتى تنضج.
c) قلبي باستمرار ، إذا لزم الأمر ، أضيفي بعض المرق. يتبل بالملح والفلفل.
d) في مقلاة سخني الزيت ، اقلي الفطر والثوم والزعتر. قلب الزبدة مع الريزوتو.
e) ينقل إلى أطباق دافئة ويزين بالفطر.

44. <u>يخنة الخنزير البري مع العنب البري</u>

مكونات:

- 1 كيلوغرام من الخنازير البرية (مقطعة إلى مكعبات أو كتف أو ساق)
- 1 ملعقة كبيرة زيت نباتي
- 1 بصلة (مقطعة إلى شرائح رفيعة)
- 2 جزر
- 1 برتقال (عضوي)
- 1 فص ثوم
- 1 فص
- 1 عود قرفة
- 4 حبات العرعر
- 2 رشة جوزة الطيب
- 2 ورق الغار
- 2 ملاعق كبيرة كونياك
- نبيذ أحمر (1 لتر).
- 4 ملاعق كبيرة مرق لحم بقري
- 2 ملاعق كبيرة مربى التوت
- 200 جرام من العنب البري الطازج
- 2 ملاعق كبيرة دقيق (اختياري)
- مرقة دجاج

تعليمات:

a) يُحمّر اللحم المقطع إلى مكعبات في مقلاة مع الزيت ، ثم يُرفع اللحم ويُترك جانبًا.

b) في نفس المقلاة ، اقلي البصل (شرائح رفيعة) والجزر.

c) نضيف نكهة البرتقال ، والثوم المهروس ، والقرنفل ، وعود القرفة ، وتوت العرعر ، ثم نتبّل بالملح والفلفل ، ونرش جوزة الطيب ، ونضيف الباقة.

d) أعد اللحم إلى القدر وأضف البراندي إذا رغبت في ذلك.

45. بيتزا البطاطا والبصل والصلصة

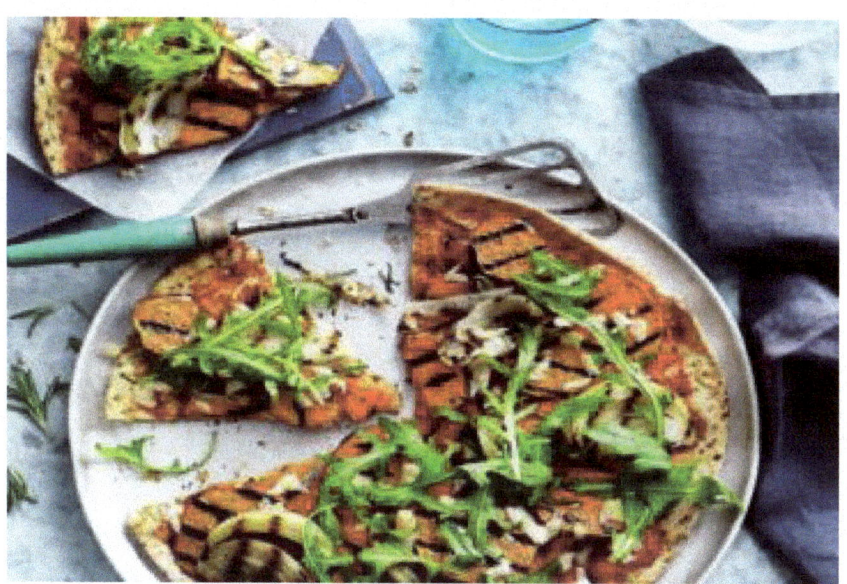

مكونات:

- دقيق لجميع الأغراض لغبار قشر البيتزا
- 1 عجينة منزلية
- 12 أوقية من البطاطس المغلية ، مثل الإسكافي الأيرلندي ، مقشر
- 6 ملاعق كبيرة صلصة توت أزرق
- الصلصة
- 6 أونصات مونتيري جاك ، مبشور
- 3 ملاعق كبيرة سعف شبت مفروم
- 1 بصلة كبيرة حلوة مثل فيداليا

تعليمات:

a) عجينة طازجة على حجر بيتزا. رشي قشر البيتزا بالقليل من الدقيق. أضيفي العجينة وشكليها على شكل دائرة كبيرة عن طريق تقشيرها بأطراف أصابعك. ارفعها وأمسك حافتها وقم بتدويرها ببطء ، مع تمديدها طوال الوقت ، حتى يبلغ قطرها حوالي 14 بوصة. ضعي العجينة المطحونة بالدقيق على القشرة.

b) عجينة طازجة على صينية بيتزا. دهن الصينية أو صينية الخبز برذاذ غير لاصق. ضعي العجينة في منتصف إما غمش العجين بأطراف أصابعك حتى تصبح دائرة سميكة ومسطحة - ثم اسحب العجينة واضغط عليها حتى تشكل دائرة 14 بوصة على الصينية أو مستطيل غير منتظم 12 × 7 بوصة على ورقة الخبز.

c) قشرة مخبوزة. ضعه على قشرة بيتزا إذا كنت تستخدم حجر بيتزا - أو ضع العجينة المخبوزة على صينية بيتزا. أثناء تسخين الفرن أو الشواية ، احضر حوالي 1 بوصة من الماء ليغلي في قدر كبير مزود ببخار نباتي. أضيفي البطاطس ، غطيها ، خففي النار إلى متوسطة ، واتركيها على البخار حتى تنضج عند ثقبها بالشوكة ، لمدة 10 دقائق. انقلي المزيـج إلى مصفاة في الحوض واتركيها تبرد لمدة 5 دقائق ، ثم قطعيها إلى شرائح رفيعة جدًا.

d) انشر الصلصة بالتساوي على القشرة المحضرة ، تاركًا حوالي 12 بوصة على الحافة. قمة بالتساوي مع مونتيري جاك المبشور. رتبي شرائح البطاطس بشكل متساوٍ وزخرفي فوق الفطيرة ، ثم رشيها بالشبت. قطعي البصل إلى نصفين من خلال ساقه. ضعها على الجانب المقطوع لأسفل على لوح التقطيع واستخدم سكينًا حادًا جدًا لعمل شرائح رقيقة من الورق. افصل هذه الشرائح إلى شرائح فردية وضعها فوق الفطيرة.

e) حركي الفطيرة من القشرة إلى الحجر شديد السخونة ، مع الحرص على إبقاء الطبقات العلوية في مكانها أو ضع الفطيرة على الصينية أو صينية الخبز إما في الفرن أو على جزء من شبكة الشواية غير مباشرة فوق الحرارة مصدر.

f) قم بالخبز أو الشواء مع إغلاق الغطاء حتى يصبح لون القشرة بنيًا فاتحًا عند حافتها ، حتى يصبح لونها بنيًا داكنًا أكثر على جانبها السفلي ، لمدة 16 إلى 18 دقيقة. إذا ظهرت أي فقاعات هواء على حافة العجين الطازج أو في منتصفه ، فقم بفرقعه بشوكة للحصول على قشرة مستوية.

g) ضع القشرة مرة أخرى أسفل الفطيرة الساخنة على الحجر أو انقل الفطيرة على الصينية أو صينية الخبز إلى رف سلكي. توضع جانباً لتبرد لمدة 5 دقائق قبل تقطيعها وتقديمها.

46. <u>سلطة التوت الأزرق والماندرين والجزر والجرجير في جرة</u>

يجعل: 2

مكونات:

● نصف كوب توت
● 2 يوسفي مقشر ومقطع
● نصف كوب جزر
● 1 كوب جرجير

تلبيس:

● 1 ملعقة طعام زيت زيتون
● 1 ملعقة كبيرة عصير ليمون طازج ورشة ملح البحر

تعليمات:

a) ضعي المكونات بهذا الترتيب: تتبيلة ، جزر ، توت ، قطع اليوسفي والجرجير.

47. سلطة الدجاج والتوت الأزرق والأفوكادو

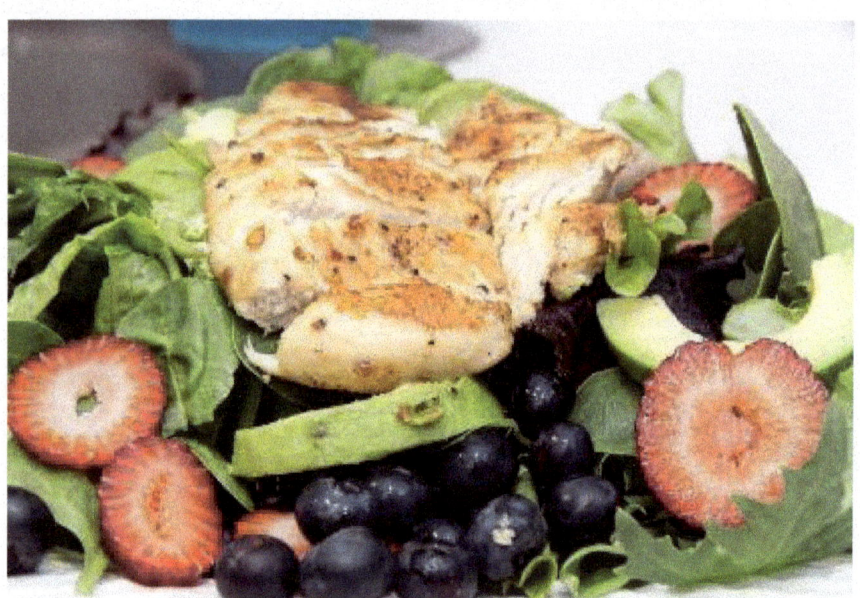

يجعل: 2

مكونات:
- 1 كوب دجاج مشوي مكعب
- نصف كوب فراولة
- نصف كوب توت
- 1 كوب سبانخ
- ½ أفوكادو

تلبيس:
- 1 ملعقة طعامزيتونزيت
- 1 ملعقة كبيرة عصير ليمون طازج
- رشة فلفل أسود
- رشة ملح البحر
- 1 ملعقة طعامعيدانبذور

تعليمات:
a) ضعي المكونات على هذا الترتيب: تتبيلة ، دجاج ، فراولة ، توت ، أفوكادو وسبانخ.

48. سلطة الدجاج والتوت والريكوتا والفراولة

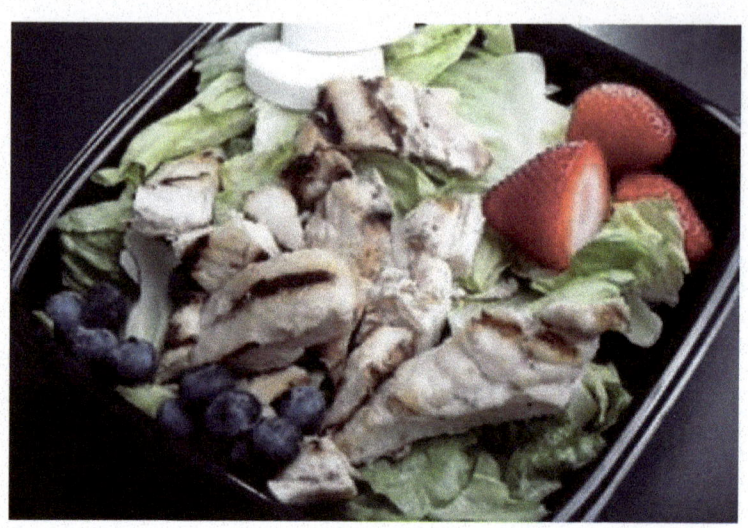

يجعل: 2

مكونات:
- 1 كوب دجاج مشوي
- نصف كوب فراولة
- 1 كوب خس
- نصف كوب توت أزرق
- كوب شرائح ريكوتا

تلبيس:
- 1 ملعقة طعامزيتونزيت أوأفوكادوزيت
- 1 ملعقة كبيرة عصير ليمون طازج
- رشة فلفل أسود
- رشة ملح البحر

تعليمات:
a) تخلط جميع المكونات ما عدا الخس وتقدم على طبقة من الخس.

49. سلطة الكينوا والبازلاء الخضراء والهليون والفجل

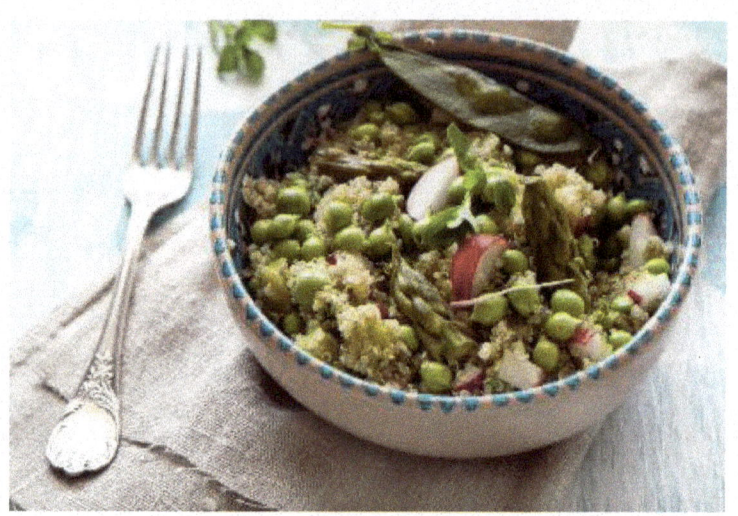

يجعل: 2

مكونات:
- 1 كوب مطبوخ الكينوا
- نصف كوب فجل مقطع
- نصف كوب توت
- 1 كوب بازلاء خضراء ممزوجة شيابذور
- نصف كوب هليون

تلبيس:
- 1 ملعقة طعام زيتون زيت أو أسود كمونزيت
- 1 ملعقة كبيرة عصير ليمون طازج
- رشة فلفل أسود
- رشة ملح البحر

تعليمات:
a) تخلط جميع المكونات.

50. <u>سلطة الكينوا والسبانخ والتوت والفراولة</u>

يجعل: 2

مكونات:
- 1 كوب مطبوخالكينوايخلط مع 1 ملعقة كبيرة مطحونالكتانبذور
- نصف كوب فراولة
- نصف كوب توت
- 1 كوب سبانخ
- ½ جزر مقطع

تلبيس:
- 1 ملعقة طعامزيتونزيت
- 1 ملعقة كبيرة عصير ليمون طازج
- رشة فلفل أسود
- رشة ملح البحر
- رشة من بذور الكمون الأسود

تعليمات:
a) تخلط جميع المكونات.

51. <u>سلطة بيري كينوا</u>

مكونات:

تتبيلة عسل الحمضيات:
- 1 ملعقة صغيرة من قشر البرتقال
- 4 ملاعق كبيرة عصير برتقال طازج
- 2 ملاعق كبيرة عصير ليمون طازج
- 1 ملعقة كبيرة عصير ليمون طازج
- 1 ملعقة كبيرة عسل
- 1 ملعقة صغيرة نعناع مفروم ناعم
- 1 ملعقة صغيرة ريحان مفروم ناعم

سلطة:
- 2 كوب كينوا حمراء مطبوخة
- 1 2/1 كوب فراولة مقطعة إلى نصفين
- 1 كوب توت بري
- 1 كوب توت أسود
- 1 كوب توت أزرق
- 1 كوب عسل ، قرفة محمصة ، لوز
- 1 ملعقة كبيرة نعناع مفروم ناعم
- 1 ملعقة كبيرة ريحان مفروم ناعم

تعليمات:

a) **للتتبيلة:**في وعاء صغير ، اخفقي قشر البرتقال وعصير البرتقال وعصير الليمون وعصير الليمون والعسل والنعناع والريحان. اجلس جانبا.

b) في وعاء كبير ، يُمزج الكينوا المطبوخ مع الفراولة والتوت الأسود والتوت الأزرق واللوز والنعناع والريحان.

c) رشي الصلصة فوق السلطة وقلبي مرة أخرى برفق. يخدم.

52. <u>سلطة الدجاج والتوت الأزرق والأفوكادو</u>

يجعل: 2

مكونات:
- 1 كوب دجاج مشوي مكعب
- نصف كوب فراولة
- نصف كوب توت
- 1 كوب سبانخ
- ½ أفوكادو

تلبيس:
- 1 ملعقة طعامزيتونزيت
- 1 ملعقة كبيرة عصير ليمون طازج
- رشة فلفل أسود
- رشة ملح البحر
- 1 ملعقة طعامعيدانبذور

تعليمات:
a)   ضعي المكونات على هذا الترتيب: تتبيلة ، دجاج ، فراولة ، توت ، أفوكادو وسبانخ.

حَلوَى

53. <u>عنبية و خوخ مقرمشة</u>

يجعل: 8

مكونات:

- 6 أكواب خوخ طازج مقشر ومقطع إلى شرائح
- 2 كوب من العنب البري الطازج
- ⅓ كوب زائد كوب سكر بني فاتح (يُحفظ منفصلاً)
- 2 ملاعق كبيرة طحين اللوز
- 2 ملاعق صغيرة قرفة ، مقسمة
- 1 كوب شوفان سريع الطهي
- 3 ملاعق كبيرة مارجرين من زيت الذرة

تعليمات:

a) سخني الفرن على حرارة 350 درجة فهرنهايت.
b) يُمزج التوت الأزرق والخوخ في طبق الخبز.
c) يُمزج نصف كوب من السكر البني والدقيق وملعقة صغيرة من القرفة.
d) أضيفي الدراق والعنب البري لخلطهما معًا.
e) اخلطي الشوفان مع السكر البني المتبقي والقرفة المتبقية.
f) نقطع المارجرين حتى يتفتت ، ثم نرش عليها الفاكهة.
g) اخبزيها لمدة 25 دقيقة.

54. كعكة التوت والليمون

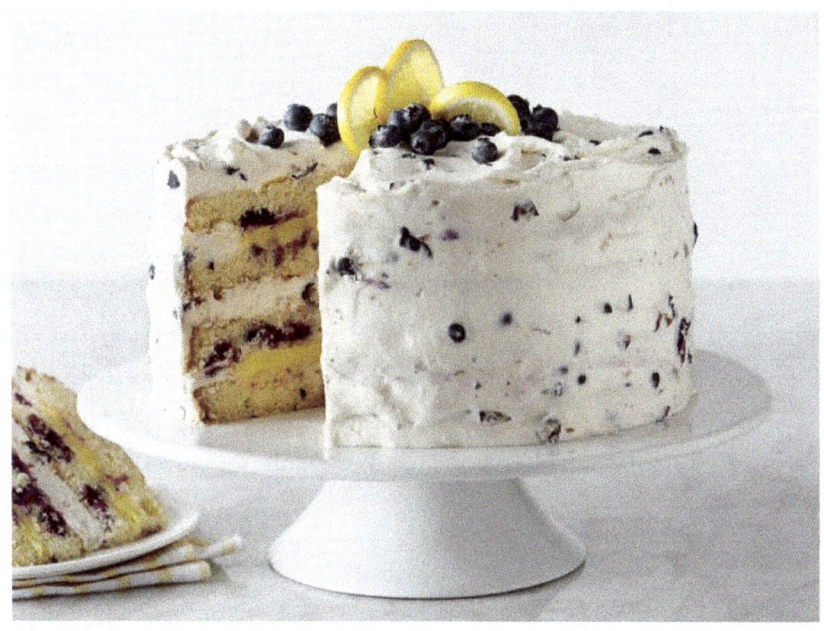

يجعل: 4

مكونات:

لتحضير الكيك:
● كوب دقيق لوز
● 5 بيضات
● نصف كوب حليب لوز غير محلى
● نصف كوب اريثريتول
● 2 ملعقة صغيرة فانيليا
● عصير 2 ليمون
● 1 ملعقة صغيرة من قشر الليمون
● نصف ملعقة صغيرة من صودا الخبز
● قليل من الملح
● نصف كوب من العنب البري الطازج (½ قليل الدهن)
● 2 ملاعق كبيرة زبدة ذائبة

لتجميد:
● نصف كوب كريمة ثقيلة
● عصير 1 ليمونة
● نصف كوب اريثريتول

تعليمات:
a) سخني الفرن إلى 350 درجة فهرنهايت
b) في وعاء ، أضيفي دقيق اللوز والبيض وحليب اللوز واخلطيهم جيدًا حتى يصبح المزيج ناعمًا.
c) أضف الإريثريتول ، وقليل من الملح ، وصودا الخبز ، وقشر الليمون ، وعصير الليمون ، وخلاصة الفانيليا. اخلط وامزج جيدا.
d) أضعاف في العنب البري.
e) استخدمي الزبدة لدهن صينية تشكيل النوابض.
f) صب الخليط في المقالي المدهونة بالزبدة. ضعي على ورقة الخبز حتى للخبز. ضعيها في الفرن لخبزها حتى تنضج من المنتصف وبني قليلاً من الأعلى ، حوالي 35 إلى 40 دقيقة.
g) اتركها تبرد قبل إزالتها من المقلاة. اخلطي الإريثريتول وعصير الليمون والقشدة الثقيلة. اخلط جيدا.
h) صب الزينة في الأعلى. يخدم.

55. <u>التوت البري والخزامى والتوت البري هش</u>

يجعل: 6-8

مكونات:
- 3 أكواب من العنب البري
- 1 كوب توت بري
- ملعقة صغيرة من زهور اللافندر الطازجة
- نصف كوب سكر
- 1 كوب من دقيق الشوفان المطحون
- نصف كوب سكر بني
- كوب زبدة مذابة
- نصف كوب لوز مقطع

تعليمات:
a) يسخن الفرن إلى 350 درجة فهرنهايت.
b) يُمزج التوت البري، والتوت البري، وزهور اللافندر، والسكر.
c) تخلط جيدا وتسكب في مقلاة 8 × 8 بوصة.
d) يُمزج البسكويت المكسر والسكر البني والزبدة المذابة وشرائح اللوز.
e) فتت فوق الحشوة.
f) اخبزيها لمدة 20 إلى 25 دقيقة، حتى تصبح الحشوة فقاعات.
g) تبرد لمدة 15 دقيقة على الأقل قبل التقديم.

56. <u>فطائر اليد عنبية</u>

يجعل: 8

مكونات:
● 1 كوب توت أزرق
● 2½ ملعقة كبيرة سكر ناعم
● 1 ملعقة صغيرة عصير ليمون
● رشة ملح
● 320 جرام قشرة فطيرة مبردة
● ماء

تعليمات:
a) يُمزج التوت الأزرق والسكر وعصير الليمون والملح في وعاء خلط متوسط الحجم.
b) افردي القطع وقطع 6-8 دوائر منفصلة.
c) في وسط كل دائرة ، ضعي ما يقرب من ملعقة واحدة من حشوة التوت الأزرق.
d) بللي حواف العجينة واطوِها فوق الحشوة للحصول على شكل نصف قمر.
e) قم بتجعيد حواف الفطيرة برفق باستخدام شوكة. ثم ، في الجزء العلوي من فطائر اليد ، قطع ثلاثة شقوق.
f) رش زيت الطهي على الفطائر اليدوية.
g) ضعهم على طبق سير.
h) قم بتشغيل فرن Air Fryer وقم بتدوير المقبض لتحديد "Bake".
i) حدد المؤقت لمدة 20 دقيقة ودرجة الحرارة 350 درجة فهرنهايت.
j) عندما تصدر الوحدة صفيرًا للإشارة إلى أنها مسخنة مسبقًا ، افتح باب الفرن وأدخل لوحة Sear Plate في الفرن.
k) اتركه يبرد لمدة دقيقتين قبل التقديم.

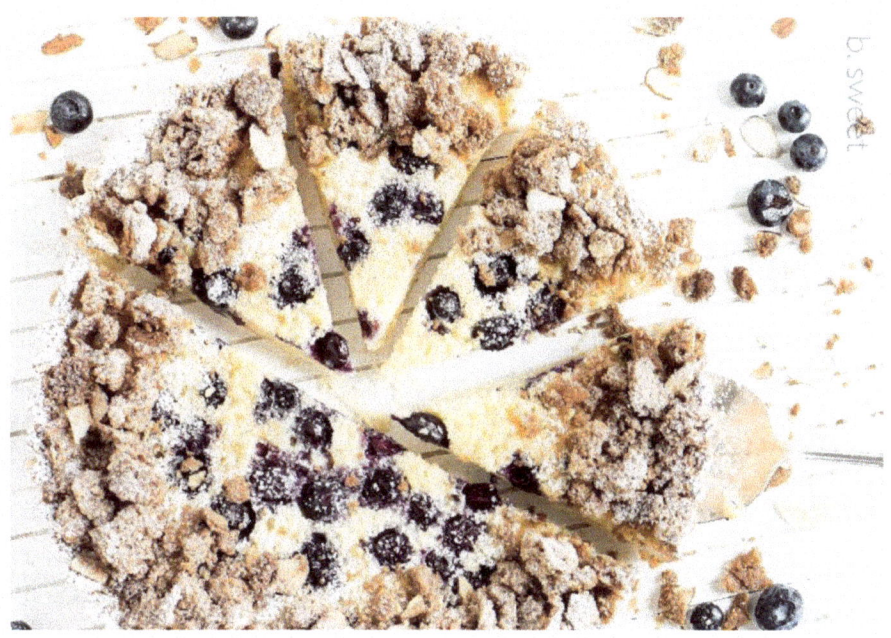

57. تارت التوت باللبن

يجعل: 1 حصة

مكونات:

صدَفَة

- 1½ كوب دقيق لجميع الأغراض
- نصف كوب سكر
- نصف ملعقة صغيرة ملح
- ¼ رطل من الزبدة الباردة ؛ قطع بت
- 1 بيضة كبيرة تغلب مع
- 2 ملاعق كبيرة ماء مثلج
- الأرز الخام؛ لوزن القشرة

حشوة حليب الزبدة

- 1 كوب زبدة
- 3 صفار بيض كبير
- نصف كوب سكر
- 1 ملعقة كبيرة قشر الليمون. صر
- 1 ملعقة كبيرة عصير ليمون طازج
- عصا زبدة غير مملحة. تذوب ، بارد
- 1 ملعقة صغيرة فانيليا
- نصف ملعقة صغيرة ملح
- 2 ملاعق كبيرة دقيق لجميع الأغراض
- 2 كوب من العنب البري انتقاء
- حلواني سكريات

تعليمات:

صدَفَة

a) في وعاء ، اخلطي الدقيق والسكر والملح معًا. أضيفي الزبدة واخلطي حتى يصبح المزيج مثل الوجبة الخشنة. يُضاف مزيج الصفار ، ويُقلب حتى يتجانس السائل ، ويُشكل العجين في قرص. ترش العجينة بالدقيق وتبريد ملفوفة في غلاف بلاستيكي لمدة ساعة. افردي العجينة بسمك ⅛ "على سطح مرشوش بالدقيق وتوضع في قالب تارت 10 بوصات مع حافة مخددة قابلة للإزالة.

b) قشر البرد لمدة 30 دقيقة على الأقل أو مغطى طوال الليل.

c) سخن الفرن إلى 350 درجة.

d) غلف القشرة بورق قصدير واملأها بالأرز. اخبزي القشرة في منتصف الفرن لمدة 25 دقيقة.

e) تُرفع القصدير والأرز بحذر وتُخبز القشرة لمدة 5 دقائق أخرى ، أو حتى يصبح لونها ذهبيًا شاحبًا. قشرة باردة في مقلاة على رف.

حشوة

f) في الخلاط أو المعالج ، اخلطي مكونات الحشوة حتى تصبح ناعمة. انشر العنب البري بالتساوي في قاع القشرة.

g) تُسكب حشوة اللبن على التوت وتُخبز في منتصف الفرن لمدة 30 إلى 35 دقيقة أو حتى تنضج تمامًا.

h) قم بإزالة حافة المقلاة وقم بتبريد التورتة تمامًا في المقلاة الموجودة على الرف. يُنخل سكر الحلويات فوق التورتة ويُقدم في درجة حرارة الغرفة أو يُبرد مع آيس كريم التوت الأزرق.

58. <u>سوفليه الشوفان</u>

يجعل: 4

مكونات:

- 1 كوب شوفان سميك للغاية
- 3 أكواب حليب كامل الدسم
- 2 ملاعق كبيرة سكر توربينادو
- رشة ملح كوشير
- 3 بيضات كبيرة مفصولة
- 2 كوب من توت العليق والتوت الأزرق
- ملعقة صغيرة من قشر الليمون المبشور ناعماً
- سكر الحلويات مغطى بالغبار
- شراب القيقب للتقديم

تعليمات:

a) سخني الفرن إلى 350 درجة. زبدة طبق خبز 2 لتر.

b) في قدر كبيرة ، يُمزج الشوفان والحليب وسكر التوربينادو والملح ويُترك على نار خفيفة.

c) يُطهى على نار معتدلة ، مع التحريك من حين لآخر حتى يصبح كثيفًا حتى يصبح قوام العصيدة ، حوالي 15 دقيقة. يرفع عن النار. دعها تبرد قليلا.

d) يعمل بسرعة ، يقلب صفار البيض في دقيق الشوفان حتى يمتزج جيدًا.

e) أضيفي 1 كوب من التوت وقشر الليمون.

f) في وعاء كبير ، باستخدام الخلاط اليدوي ، اخفق بياض البيض على سرعة متوسطة حتى تتكون قمم متوسطة الصلابة ، حوالي 3 دقائق. قم بطي البياض برفق في دقيق الشوفان حتى يتجانس.

g) اكشطي الخليط في الطبق المحضر واخبزيه لمدة 30 دقيقة حتى يصبح لونه ذهبياً ومنتفخاً.

h) رشي عليها سكر الحلويات وقدميه ساخناً مع الكوب المتبقي من التوت وشراب القيقب ، إذا رغبت في ذلك.

59. <u>آيس كريم توت أزرق و فانيليا</u>

حوالي 6 حصص

مكونات:

- 175 جم / 6 أونصة توت ، مغسول ومصفى
- 40 جم / 1 أونصة سكر ناعم أو حبيبات
- 284 مل كرتونة كريمة خفق مبردة
- 1 ملعقة كبيرة فانيليا
- 225 جم / 8 أونصة كاسترد جاهز مبرد

تعليمات:

a) ضعي التوت الأزرق في قدر صغير ورشي السكر فوقه. سخنيها برفق مع التحريك من حين لآخر حتى تنساب العصائر من العنب البري وتغلي.

b) يُترك على نار خفيفة لمدة 2-3 دقائق حتى تصبح الفاكهة طرية جدًا.

c) اضغط على خليط التوت من خلال غربال وتخلص من البذور. اتركي البيوريه ليبرد ثم ضعيه في الثلاجة حتى يبرد.

d)

e) ضع الكريمة في إبريق كبير واخفقيها حتى تتكاثف بدرجة كافية لتشكيل شرائط على السطح (لا ينبغي أن تشكل قممًا).

f) أضيفي الفانيليا والكاسترد وبيوريه التوت الأسود.

g) ضع الخليط في آلة الآيس كريم وقم بتجميدها حسب التعليمات.

h) ينقل إلى حاوية مناسبة ويجمد لحين الحاجة.

60. توت شريات

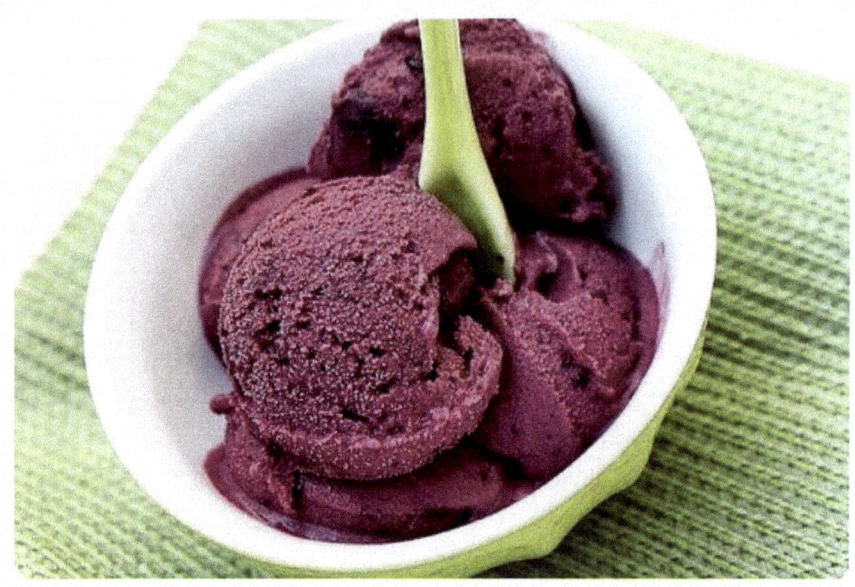

مكونات:
- 2 مكاييل من التوت الأزرق الطازج المقطوف ولكن غير مغسول
- 2 مكس سكر
- عصير 2 ليمون
- 1¼ كوب ماء بارد

تعليمات:
a) هريس التوت مع السكر وعصير الليمون والماء.
b) تصب في آلة صنع الآيس كريم وتجمد حسب التعليمات - حتى تصبح ناعمة ومجمدة.
c) للحفاظ على نكهة الفاكهة ، قدميها في نفس اليوم.

61. <u>شربات التوت المشكلة</u>

مكونات:

- 3 أكواب توت مشكل
- 1 كوب سكر
- 2 كوب ماء
- عصير 1 ليمونة
- نصف ملعقة صغيرة ملح كوشير

تعليمات:

a) في وعاء ، اخلطي كل التوت والسكر معًا. اترك التوت لينقع في درجة حرارة الغرفة لمدة ساعة واحدة ، حتى يطلق عصيره.

b) انقل التوت وعصيرها إلى الخلاط أو معالج الطعام وأضف الماء وعصير الليمون والملح. يُخفق المزيج جيدًا حتى يتجانس. انقله إلى وعاء ، وقم بتغطيته ، ثم ضعه في الثلاجة حتى يبرد لمدة ساعتين على الأقل أو طوال الليل.

c) قم بتجميدها وتحريكها في آلة صنع الآيس كريم وفقًا لتعليمات الشركة الصانعة. للحصول على تناسق ناعم ، قدم السوربيه على الفور ؛ للحصول على تناسق أقوى ، انقله إلى وعاء ، وقم بتغطيته ، واتركه يتماسك في المجمد لمدة 2 إلى 3 ساعات.

62. <u>آيس كريم بلوبيري تشيز كيك</u>

يجعل: 12 حصة

مكونات:

- 12 أونصة جبنة كريمية ، درجة حرارة الغرفة
- نصف ملاعق ملح
- 1 كوب حليب لوز غير محلى ، بدرجة حرارة الغرفة
- نصف كوب مسكربون ، درجة حرارة الغرفة
- 2 ملاعق كبيرة فانيليا
- 1 ملعقة كبيرة مستخلص أو عصير ليمون
- نصف كوب قشدة حامضة بدرجة حرارة الغرفة
- 1 كوب محلي سويرف
- 1 كوب توت أزرق

تعليمات

a) تحضير وتجميع المكونات الخاصة بك. إذا كنت تفضل النموذج ، فقم بتجميد وعاء خلط آلة الآيس كريم مسبقًا لمدة 24 ساعة على الأقل. يجب أن تكون الجبن الكريمي والماسكاربوني وحليب اللوز والقشدة الحامضة في درجة حرارة الغرفة.

b) في الخلاط مع ملحق المضرب ، اخلطي الجبن الكريمي حتى يصبح المزيج ناعمًا. كشط الوعاء بشكل دوري

c) أضف السكر والملح أثناء تشغيل الخلاط ، واخلط حتى تمتزج المكونات وتصبح ناعمة. يُضاف الماسكربون ويُمزج حتى يتجانس ويصبح المزيج ناعماً.

d) أضف ببطء الحليب والفانيليا والليمون والقشدة الحامضة.

e) يُسكب المزيج في وعاء ويُبرّد في الثلاجة لمدة ساعتين على الأقل أو طوال الليل. يجب أن تكون مبردة جيدًا.

f) يُمزج التوت الأزرق في محضر الطعام ، أو يُفرم خشنًا بسكين. يعتبر الخليط المتكتل جزئيًا والمنسق جزئيًا مثاليًا. برد العنب البري في الثلاجة لمدة ساعتين على الأقل أو طوال الليل.

g) اتبع تعليمات الشركة المصنعة لصنع الآيس كريم. يأتي النموذج الذي استخدمناه مع وعاء مرفق مجمّد يتم تجميده مسبقًا لمدة 24 ساعة في الفريزر. لا حاجة للملح والثلج.

h) قم بإعداد صانع الآيس كريم وفقًا لتعليمات الشركة المصنعة وقم بتشغيله. صب الخليط في وعاء الفريزر المجمد واخلطه حتى يبدأ في التكاثف ، حوالي 10 إلى 15 دقيقة.

i) أضف العنب البري واستمر في الخلط لمدة 5 إلى 10 دقائق أخرى حتى يبدأ الآيس كريم في التجمد ويصبح قوامه كريميًا ناعمًا. انقل الآيس كريم إلى وعاء محكم الإغلاق ومجمد لعدد قليل حتى يصل إلى القوام الذي تريده.

j) عندما تكون جاهزًا لتناول الطعام ، اسمح للآيس كريم بأن يلين على المنضدة (إذا لزم الأمر) ، اغرفه واستمتع به!

63. كومبوت التوت والليمون

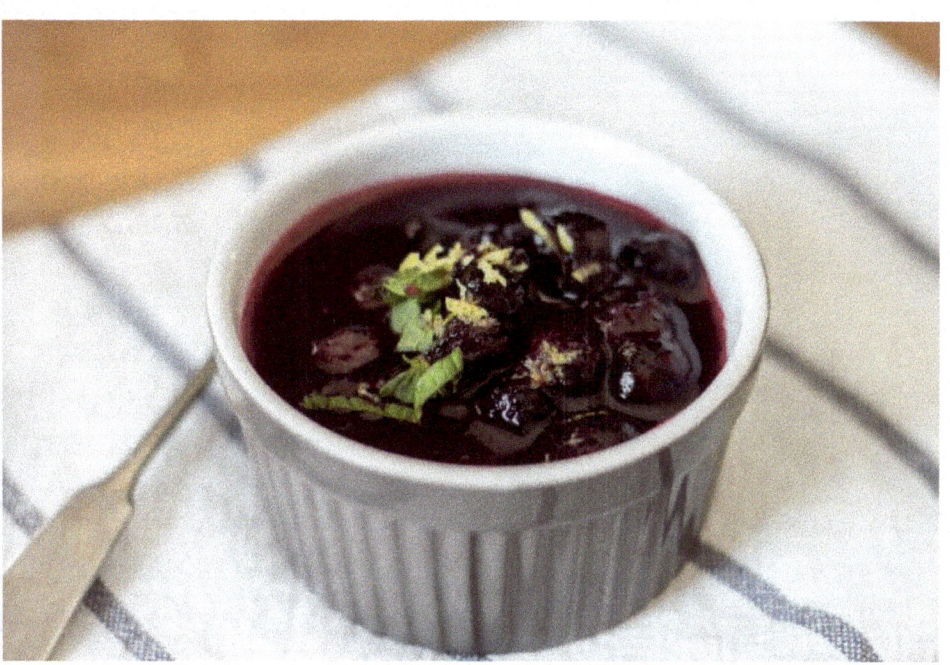

يجعل: 6

مكونات:
● 2 كوب من العنب البري الطازج
● نصف كوب سكر
● قشر 1 ليمون
● 2 ملاعق كبيرة عصير ليمون
● 1 ملعقة كبيرة زبدة

تعليمات:
a) اضبط مقطع الفيديو الخاص بك على 185 فهرنهايت / 85 درجة مئوية.
b) في وعاء كبير ، اخلطي التوت الأزرق والسكر وقشر الليمون والعصير والزبدة. اخلط جيدا.
c) تصب في كيس محكم الغلق واغمره في حمام مائي لمدة ساعتين.
d) أخرج الكيس من الحمام المائي واسكبه في وعاء. حركيها واستخدميها دافئة أو ضعيها في الثلاجة لاستخدامها لاحقًا.

64. <u>بارفيه الإفطار بالتوت الأزرق والرمان</u>

يجعل: 1

مكونات:
● زبادي يوناني خالي من الدسم
● عسل
● توت
● بذور الرمان
● جرنولة

تعليمات:
a) قم برش القليل من العسل في الكوب أو الوعاء الذي ستقدم به البارفيه إذا كنت تريده أن يظهر من الخارج.
b) أضف ملعقة واحدة من الزبادي ووجهها بالقليل من العنب البري ، وحبوب الرمان ، وملعقة من الجرانولا.
c) أضيفي ملعقة أخرى من الزبادي ، وضعي عليها رذاذ آخر من العسل ، وضعي المزيد من التوت الأزرق ، وبذور الرمان ، والجرانولا. يمكنك وضع طبقات عدة مرات حسب الضرورة لملء طبق التقديم.
d) قدميها على الفور أو احفظيها باردة حتى تصبح جاهزة للأكل.

65. <u>آيس كريم الكرز والتوت الأزرق أماريتو</u>

يصنع: 4 أكواب

مكونات:
- 2 ملاعق كبيرة سكر
- 2 ملاعق كبيرة أماريتو
- 2 كوب كرز بنج الطازج ، منزوع النواة
- نصف كوب من العنب البري الطازج
- 2 ملاعق كبيرة نشا الذرة
- 2 كوب ونصف ، مقسمة
- نصف كوب سكر
- 1 ملعقة كبيرة أماريتو
- نصف ملعقة صغيرة ملح

تعليمات:
a) يُمزج السكر مع أماريتو والكرز والتوت في وعاء متوسط الحجم. اتركه لمدة 30-45 دقيقة ، مع التقليب بين الحين والآخر. تُضاف الفاكهة مع العصائر إلى قدر متوسطة الحجم وتُطهى على نار متوسطة مع التحريك باستمرار ، حتى تنضج ، لمدة 15 دقيقة تقريبًا. اترك الفاكهة تبرد قليلاً ، ثم أضفها إلى محضر الطعام وهرسها حتى تصبح ناعمة تقريبًا ، تاركًا القليل من الملمس. توضع جانباً نصف كوب من خليط الفاكهة لتتحول إلى آيس كريم ؛ إعادة خليط الفاكهة المتبقي إلى القدر.
b) اخفقي نشاء الذرة و 3 ملاعق كبيرة نصف ونصف في وعاء صغير. اجلس جانبا. يُضاف النصف والنصف المتبقي والسكر والأماريتو والملح إلى قدر مع خليط الفاكهة ؛ يُغلى المزيج على نار متوسطة إلى عالية مع الخفق باستمرار. اخفقي مع مزيج نشا الذرة. يُعاد إلى الغليان ويُطهى لمدة دقيقة إلى دقيقتين إضافيتين مع التحريك حتى يتماسك. يرفع عن النار ويبرد إلى درجة حرارة الغرفة ، ثم يغطى ويبرد لمدة 6 ساعات في الثلاجة.
c) صب خليط الآيس كريم المبرد في الأسطوانة المجمدة لآلة صنع الآيس كريم ؛ تجميد طبقًا لتعليمات الشركة الصانعة.
d) ضعي نصف خليط الآيس كريم في وعاء آمن للاستخدام في الفريزر ، وضعيه فوقها بقطع من خليط الفاكهة ، وكرري العملية. طبقات دوامة مع سيخ خشبي. يُجمد المزيج طوال الليل حتى يتماسك.

66. كعكة التوت الأزرق

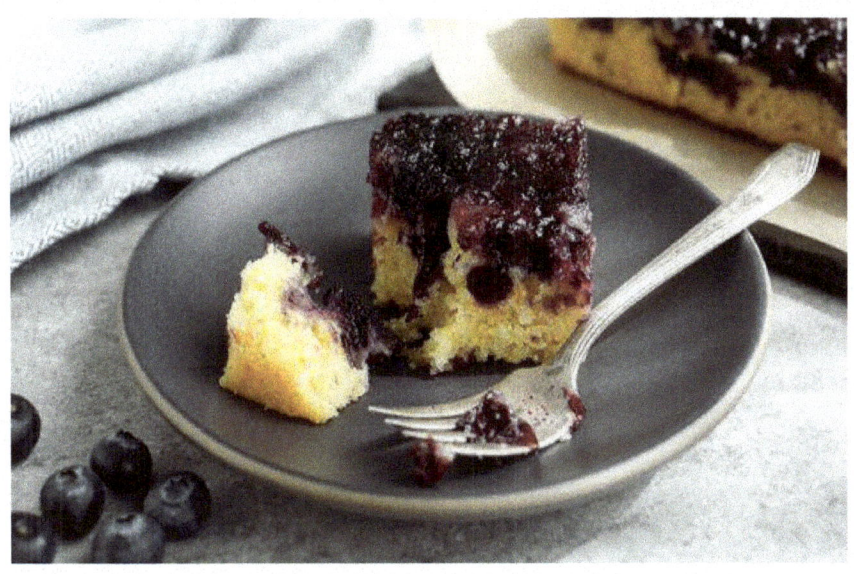

يصنع: 16 يصنع: 2 كعك 9 بوصة
مكونات:

خليط الكيك:

● 3 أكواب دقيق لجميع الأغراض
● 1 2/1 كوب دقيق ذرة
● 1 ملعقة كبيرة بيكنج بودر
● 1 ملعقة صغيرة ملح
● 1 رطل زبدة غير مملحة طرية
● 3 أكواب سكر أبيض
● 8 بيضات في درجة حرارة الغرفة
● 1 4/1 كوب كريمة حامضة
● 1 ملعقة كبيرة فانيليا توت:
● كوب زبدة غير مملحة مقسمة
● 1 كوب سكر بني مقسم
● 6 أكواب من العنب البري الطازج ، مقسمة

تعليمات:

a) سخني الفرن مسبقًا إلى 350 درجة فهرنهايت (175 درجة مئوية).

b) اخلطي الدقيق لجميع الأغراض ودقيق الذرة والبيكنج باودر والملح معًا في وعاء.

c) تُخفق الزبدة والسكر معًا بخلاط كهربائي حتى يصبح المزيج ناعمًا. اخفقي بيضة واحدة تلو الأخرى مع كشط الوعاء بعد كل إضافة. أضف القشدة الحامضة والفانيليا. يُمزج حتى يصبح المزيج ناعمًا. يضاف خليط الدقيق ويخلط حتى يتجانس. اجلس جانبا.

d) قسّم الزبدة بين مقاليين من الحديد الزهر مقاس 9 بوصات ؛ تذوب على نار متوسطة منخفضة ، حوالي 1 دقيقة. أضف نصف السكر البني إلى كل مقلاة. يُطهى المزيج حتى تبدأ الزبدة والسكر في تكوين فقاعات ، من 2 إلى 3 دقائق. قسّم التوت الأزرق بين المقاليتين ثم أخرجه من أعلى الموقد.

e) قسّم خليط دقيق الذرة بين المقالي ؛ ضع كل منها على صينية.

f) تُخبز في الفرن المسخن مسبقًا حتى تدخل عود أسنان في المنتصف ويخرج نظيفًا ، لمدة 45 إلى 50 دقيقة.

g) اتركه يبرد قليلاً ، حوالي 15 دقيقة. مرري سكينًا حول الحواف الخارجية لكل كعكة واقلبها على لوح التقطيع للتقطيع إلى شرائح.

67. رقائق التوت الخام

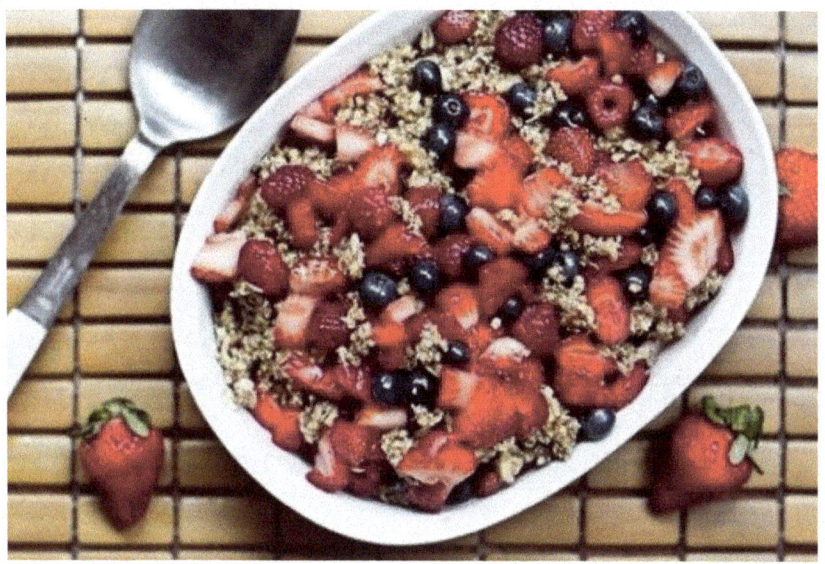

يجعل: 6-8

مكونات:

- 30 أوقية من خليط التوت (فراولة ، توت ، توت بري)
- 2 كوب جوز خام أو جوز أمريكي خام
- نصف كوب شوفان غير مطبوخ
- 2 ملاعق طعام من شراب القيقب
- نصف ملعقة صغيرة مسحوق بصل

تعليمات:

a) في وعاء كبير ، اخلطي شرائح الفراولة والتوت المغسول.

b) حضري الطبقة العلوية في محضر الطعام ، واخلطي جميع المكونات حتى تمتزج تمامًا.

c) في طبق خزفي سعة 1.4 لتر ، أضف معظم خليط التوت ، واترك حوالي ملعقتين كبيرتين. موزعة بالتساوي.

d) صب الآن معظم الطبقة العلوية فوق التوت ، واحتفظ ببضع ملاعق كبيرة.

e) الآن نرش باقي التوت على الوجه وأخيراً باقي الطبقة العلوية.

f) قدميها على الفور أو ضعيها في الثلاجة لمدة ساعة.

68. تارت التوت

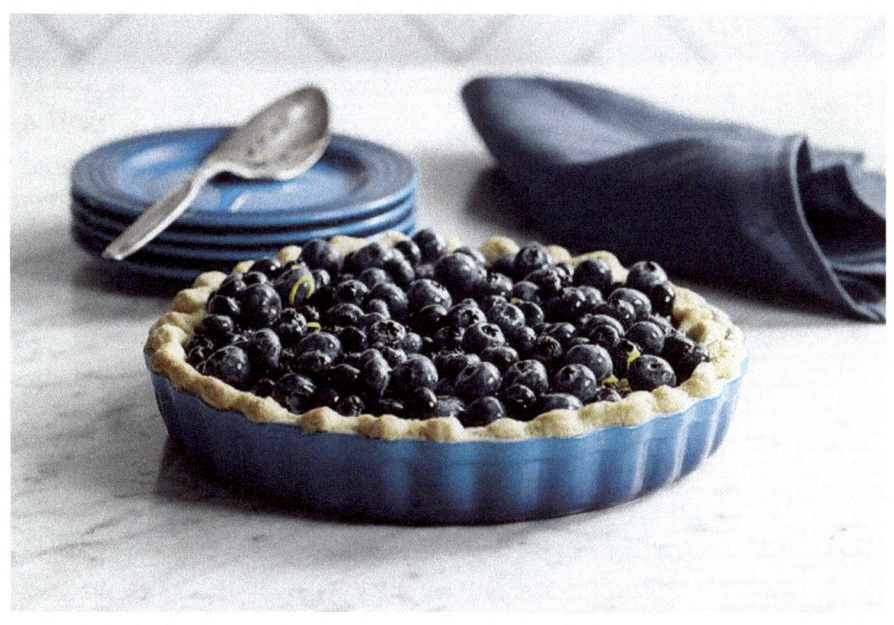

يجعل: 4 حصص

مكونات:

- 2 كوب من العنب البري الطازج
- ⅓ سكر بني
- 4 ملاعق صغيرة نشا ذرة
- نصف كوب لوز مقطع
- 2 ملاعق كبيرة ماء
- 1 ورقة قشرة فطيرة مبردة
- 1 صفار بيضة مخفوقة

تعليمات:

a) سخني الفرن على 400 درجة.
b) في وعاء كبير ، اخلطي التوت الأزرق والسكر البني ونشا الذرة والماء.
c) يُسكب مزيج التوت الأزرق على وسط القشرة.
d) قم بطي حافة 2 بوصة من القشرة فوق خليط التوت ، وقم بتجعيد القشرة قليلاً.
e) ادهني الفطيرة بصفار البيض وزعي شرائح اللوز فوقها.
f) اخبزيها لمدة 20 دقيقة حتى تصبح القشرة ذهبية اللون.
g) تبرد قليلاً قبل التقديم.

69. <u>فتات حليب بيري</u>

يصنع: 2½ كوب

مكونات:
● حصة واحدة من فتات الحليب
● 40 غ من مسحوق الكرز المجفف بالتجميد [كوب]
● 20 غ من مسحوق التوت المجفف بالتجميد [كوب]
● 0.5 جرام ملح كوشير [نصف ملعقة صغيرة]

تعليمات:
a) ضعي فتات الحليب مع مسحوق التوت والملح في وعاء متوسط حتى تصبح كل الفتات باللونين الأحمر والأزرق المرقط بشكل متساوٍ ومغطاة بمسحوق التوت.
b) تبقى الفتات في وعاء محكم الإغلاق في الثلاجة أو الفريزر لمدة تصل إلى شهر واحد.

70. التفاح والتوت والجوز كريسب

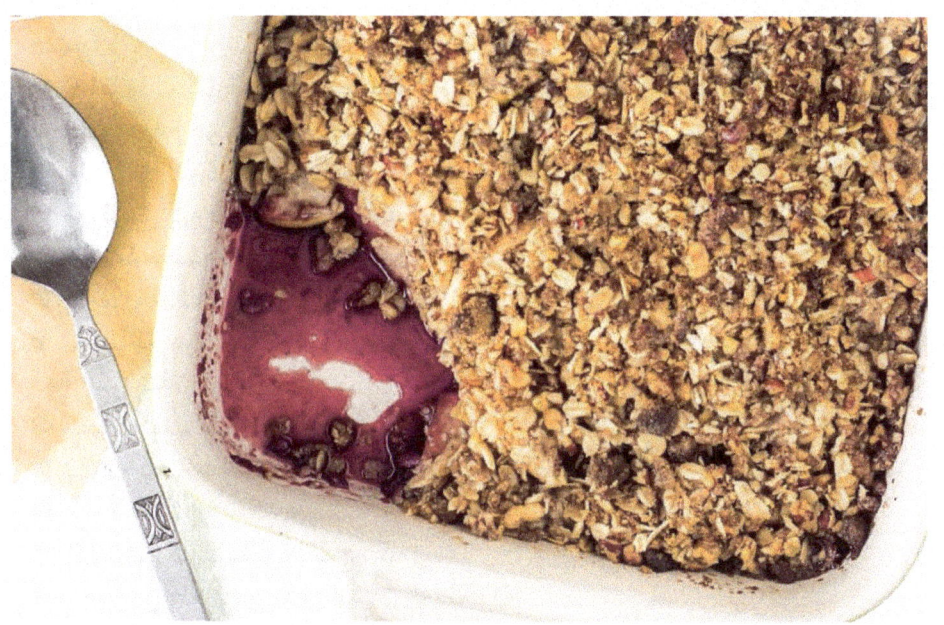

يجعل: 6 حصص

مكونات:

حشوة:
- 3 تفاحات كبيرة حمراء أو ذهبية لذيذة (حوالي 2 رطل) ، مقشرة ومقطعة إلى قطع بحجم بوصة (حوالي 4 أكواب)
- 2 ملاعق كبيرة سكر بني معبأ
- 2 ملاعق كبيرة دقيق القمح الكامل
- 1 ملعقة صغيرة فانيليا
- نصف ملعقة صغيرة قرفة مطحونة
- نصف لتر من العنب البري (1 كوب)

قمة القرمشة:
- نصف كوب جوز مفروم ناعماً
- نصف كوب شوفان قديم أو شوفان سريع الطهي
- 2 ملاعق كبيرة سكر بني معبأ
- 2 ملاعق كبيرة دقيق القمح الكامل
- 2 ملاعق طعام من بذور الكتان المطحونة
- نصف ملعقة صغيرة قرفة مطحونة
- نصف ملعقة صغيرة ملح
- 2 ملاعق كبيرة زيت الكانولا

تعليمات:

a) سخني الفرن إلى 400 درجة فهرنهايت.

b) يُمزج التفاح والسكر البني والدقيق والفانيليا والقرفة في وعاء كبير ويُقلب حتى يتغطى. إرم بلطف في العنب البري. ضعي مزيج التفاح في طبق خبز 8 × 8 إنش وضعيه جانبًا.

c) لتحضير التزيين ، يُمزج الجوز والشوفان والسكر البني ودقيق القمح الكامل وبذور الكتان والقرفة والملح في وعاء متوسط.

d) يُضاف زيت الكانولا ويُحرّك حتى تغطى المكونات الجافة جيدًا.

e) وزعي الكوب كيك بالتساوي على خليط الفاكهة.

f) اخبزي لمدة 40 إلى 45 دقيقة ، أو حتى تنضج الفاكهة وتصبح الطبقة العلوية ذهبية اللون (غطيها بورق القصدير إذا كان لونها بني بسرعة كبيرة).

71. عنبية بوي بوي الطعم

مكونات:

- 2 كوب طحين لجميع الأغراض
- 1 كوب سكر
- 2 ملعقة شاي مسحوق الخبز
- نصف ملعقة صغيرة ملح
- نصف كوب زيت نباتي
- 1 كوب حليب
- 124 بيض
- 2 كوب من العنب البري الطازج أو المجمد
- 2 ملاعق كبيرة سكر
- 1 ملعقة صغيرة قرفة

تعليمات:

a) سخني الفرن 350 درجة ورش صينية خبز 9 × 13 بوصة برذاذ طهي غير لاصق.
b) في وعاء خلط في خلاط قائم بذاته مزود بملحق مضرب ، اخلطي الدقيق والسكر ومسحوق الخبز والملح معًا.
c) أضف الزيت والحليب والبيض. امزج لمدة 3 دقائق.
d) يُسكب الخليط في المقلاة المُعدّة ، ويُرش بالتساوي فوقها التوت الأزرق.
e) في وعاء صغير ، اخلطي 3 ملاعق كبيرة من السكر والقرفة ، ثم رشيها فوق العنب البري. اخبزي لمدة 50 دقيقة أو حتى تدخلي عود أسنان في المنتصف ويخرج نظيفًا.

72. كعكة التوت الأزرق

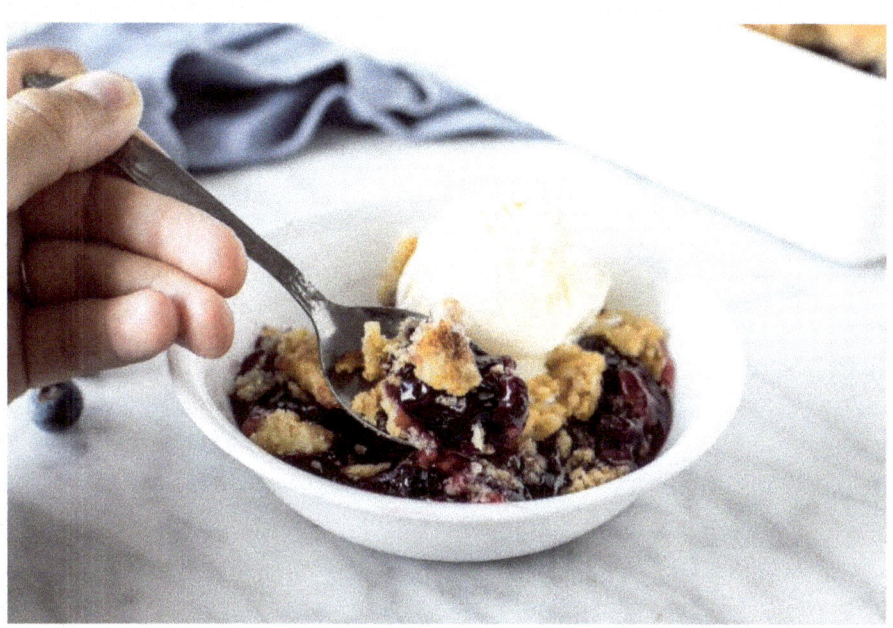

يجعل: 8-10

مكونات:

- 1 قطعة زبدة
- 1 علبة خليط الكيك الأصفر
- علبة حشو فطيرة بحجم 21 أونصة

تعليمات:

a) يسخن الفرن إلى 350 درجة في حالة استخدام طبق زجاجي 325 درجة.
b) حشوة الفطيرة في قاع طبق 9X13.
c) يرش خليط الكيك فوق الحشوة.
d) قطعي الزبدة إلى شرائح وضعيها فوق خليط الكيك.
e) ضعيها في الفرن واخبزيها لمدة ساعة.
f) اتركه يبرد لمدة 5 دقائق قبل التقديم.
g) خدمة والتمتع بها!

73. <u>خبز التوت والليمون</u>

يصنع: 2 حمالتان منفصلتان

مكونات:

- زبدة للدهن
- 4 أونصات كريم فراش
- نصف كوب زائد 1 ملعقة كبيرة عسل
- 2 ملاعق صغيرة من خلاصة الفانيليا النقية
- قشر وعصير 1 ليمونة
- نصف ملعقة صغيرة قرفة مطحونة
- عجينة الخبز اليومية ، بدرجة حرارة الغرفة
- 2 كوب من العنب البري الطازج أو المجمد
- 1 ملعقة كبيرة أوراق زعتر طازجة

تعليمات:

a) دهن مقالي رغيف مقاس 9 × 5 بوصة.

b) اصنع الحشوة. في وعاء صغير ، اخلطي الكريمة الطازجة مع ملعقة كبيرة من العسل والفانيليا وقشر الليمون وعصير الليمون والقرفة.

c) اصنع القوائم. اقلب العجينة على سطح عمل مرشوش بالدقيق ، واثقبه لأسفل ، ولفه إلى مستطيل 10 × 16 بوصة بسمك نصف بوصة تقريبًا ، مع جانب طويل مواجهًا لك. وزعي خليط الكريما الطازجة على العجينة ورشي العنب البري بالتساوي فوقها. ابدأ بالحافة الطويلة الأقرب إليك ، واسحب العجينة لأعلى وفوق الحشوة ولفها بحذر في جذع شجرة ، مع الحفاظ عليها مشدودة إلى حد ما. اقرص الحافة للختم.

d) اقلب جانب التماس الخشبي لأسفل وقم بتقطيعه إلى 12 لفة متساوية. ضع 6 لفات في كل مقلاة معدة ؛ يجب أن تلمس القوائم. غطيه واتركيه يرتفع في مكان دافئ حتى يتضاعف حجمه تقريبًا ، 30 دقيقة إلى 1 ساعة.

e) سخني الفرن إلى 350 درجة فهرنهايت.

f) تُخبز اللفائف حتى يتحول لونها إلى البني الفاتح ، لمدة 45 إلى 50 دقيقة. توضع جانبا لتبرد قليلا.

g) اصنع عسل الزعتر. في هذه الأثناء ، يُمزج الزعتر مع نصف كوب من العسل المتبقي في قدر صغيرة على نار خفيفة. يُترك على نار خفيفة حتى يبدأ العسل في الغليان ، لمدة 3 دقائق تقريبًا ، ويُرفع القدر عن النار.

h) نسكب الخبز بعسل الزعتر الدافئ. قم بتخزين أي بقايا طعام مبردة في وعاء محكم الغلق لمدة تصل إلى 3 أيام.

74. خليط بيري كوبلر مع بسكويت السكر

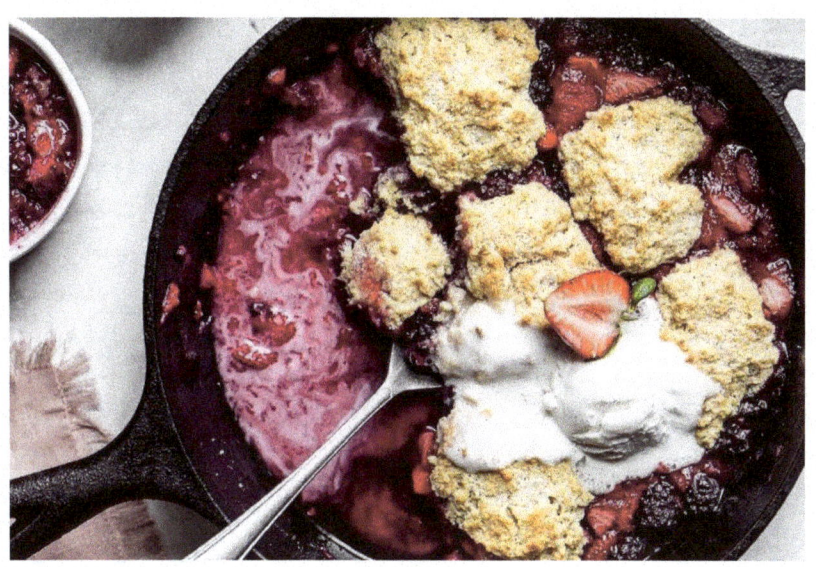

يصنع: 10 حصص

مكونات:

- زيت نباتي للدهن
- 2 كوب فراولة مقطعة شرائح
- 2 كوب توت أسود طازج
- 2 كوب من العنب البري الطازج
- 1 كوب سكر حبيبي
- نصف كوب ماء
- 2 ملاعق كبيرة زبدة غير مملحة
- 1 ملعقة كبيرة فانيليا
- 3 ملاعق كبيرة نشا ذرة

لتزيين البسكويت:

- 2 كوب طحين لجميع الأغراض
- نصف كوب سكر حبيبي
- 3 ملاعق كبيرة بيكنج بودر
- نصف ملعقة صغيرة ملح كوشير
- نصف كوب لبن
- 5 ملاعق كبيرة زبدة باردة غير مملحة ، مبشورة
- 2 ملاعق صغيرة من خلاصة الفانيليا
- 2 ملاعق كبيرة زبدة مذابة غير مملحة
- 2 ملاعق كبيرة سكر خشن

تعليمات:

a) يُسخن الفرن مسبقًا إلى 375 درجة فهرنهايت. ادهن طبقًا للخبز مقاس 9 × 13 بوصة بقليل من الدهن.

b) في قدر كبير على نار متوسطة ، اخلطي التوت مع السكر والماء والزبدة والفانيليا. عندما تبدأ الفقاعات في التكون ، استخرج حوالي نصف كوب سائل من القدر.

c) في وعاء صغير ، اخلطي نصف كوب من السائل الساخن مع نشا الذرة واخلطيهم حتى يخلو من الكتل. يُسكب مزيج نشا الذرة مرة أخرى في القدر مع التوت ويُحرّك. يُطهى حتى يتكاثف كل شيء ، ثم يُسكب مزيج الفاكهة في طبق الخبز. اجلس جانبا.

d) لتحضير البسكويت ، في وعاء كبير ، اخلطي الدقيق والسكر والبيكنج باودر والملح. خفقت حتى تمتزج جيدًا. يُضاف اللبن الرائب والزبدة المبشورة والفانيليا. اخلط المكونات. أخرجي خليط البسكويت وضعيه فوق حشوة التوت.

e) ندهن البسكويت بالزبدة المذابة ، ثم نرش السكر الخشن. تُخبز في الفرن ، بدون غطاء ، لمدة 30 إلى 35 دقيقة. نخرجه من الفرن ونتركه يبرد. تقدم مع أو بدون آيس كريم.

75. توت صيفي مع نعناع طازج

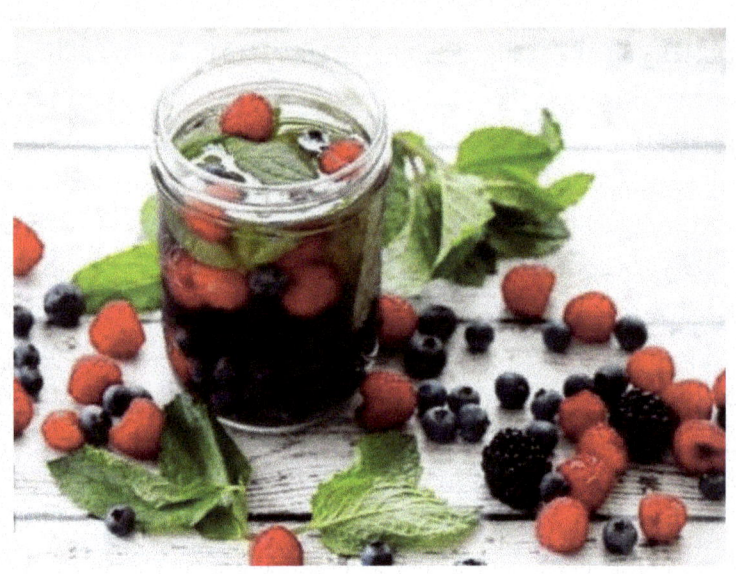

تكفي: 4-6 حصص

مكونات:

- 2 ملاعق كبيرة عصير برتقال أو أناناس
- 1 ملعقة كبيرة عصير ليمون طازج
- 1 ملعقة كبيرة نكتار الصبار
- 2 ملاعق صغيرة نعناع طازج مفروم
- 2 كوب كرز طازج منزوع النواة
- 1 كوب من العنب البري الطازج
- 1 كوب فراولة طازجة ، مقشرة ومقطعة إلى أنصاف
- 2^{1} كوب من التوت الأسود الطازج أو توت العليق

تعليمات:

a) في وعاء صغير ، يُمزج عصير البرتقال وعصير الليمون ونكتار الأغاف والنعناع. اجلس جانبا.

b) في وعاء كبير ، اخلطي الكرز والتوت والفراولة والعليق. أضيفي الصلصة وقلبيها برفق حتى تمتزج.

c) قدميها على الفور.

76. يوزو عنبية تفاهات فردية

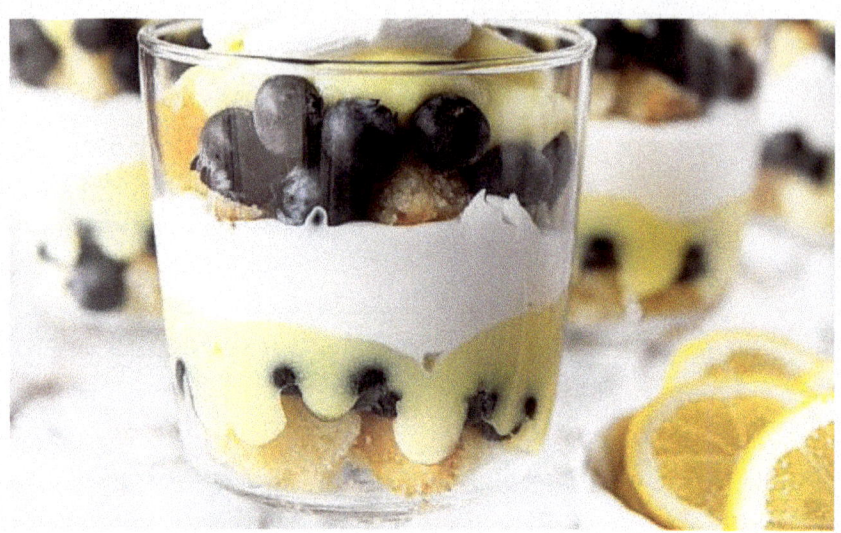

يجعل: *6 حصص*

مكونات:

لتحضير كعكة يوزو:
- 1 كوب طحين الكيك
- نصف ملعقة صغيرة بيكنج بودر
- ¼ ملعقة صغيرة إضافية ملعقة صغيرة من صودا الخبز
- نصف ملعقة صغيرة ملح
- ½ عصا زبدة طرية
- نصف كوب سكر القصب الحبيبي
- 1 بيضة
- نصف ملعقة صغيرة من خلاصة الفانيليا
- ½ ملعقة صغيرة من خلاصة اليوزو
- نصف كوب من اللبن

لتحضير كريمة المخفوقة الحلوة:
- 1 كوب كريمة خفق ثقيلة
- ملعقة صغيرة من عجينة الفانيليا أو خلاصة الفانيليا
- 1 ملعقة كبيرة شراب القيقب النقي

من أجل الثلاثيات:
- ½ كعكة يوزو
- الكريمة المخفوقة المحلاة
- 1 كوب يوزو كورد
- 2 كوب من العنب البري الطازج

تعليمات:

لتحضير كعكة يوزو:

a) زبدة قالب كيك 9 إنش. سخني الفرن إلى 300 درجة فهرنهايت.

b) في وعاء صغير ، اخفقي الطحين والبيكنج بودر وصودا الخبز والملح معًا. في وعاء كبير ، اخفقي الزبدة والسكر معًا.

c) اضف بيضة و اخلط جيدا. فاز في مستخلصات الفانيليا واليوزو.

d) أضف نصف المكونات الجافة إلى المكونات الرطبة واخلطها. يضاف اللبن ويخفق.

e) أضيفي باقي المكونات الجافة واخلطيها حتى تمتزج.

f) يُسكب الخليط في المقلاة المحضرة ، ثم يُملسها ، وتُخبز في فرن مُسخن مسبقًا حتى يتحول لونها إلى اللون البني الفاتح ويخرج عود أسنان في المنتصف نظيفًا ، حوالي 30 دقيقة.

g) تبرد تماما قبل صنع التافه.

لتحضير كريمة المخفوقة الحلوة:

h) في وعاء متوسط الحجم ، اخفقي الكريمة والفانيليا والشراب أو السكر حتى تتكون قمم متوسطة الصلابة.

لصنع التثلث:

i) قطعي نصف الكعكة إلى مكعبات صغيرة. ضع القليل من المكعبات في قاع برطمان سعة 8 أونصات.

j) أضف كمية أو اثنتين من الكريمة المخفوقة. ضع طبقة من العنب البري.

k) انشر ملعقة من خثارة Yuzu على الوجه. كرر الطبقات مرة أخرى.

l) افعل الشيء نفسه مع برطمانات المربى المتبقية.

m) قدميها على الفور أو خزنيها مغطاة في الثلاجة لبضع ساعات.

77. فطيرة عنبية راوند

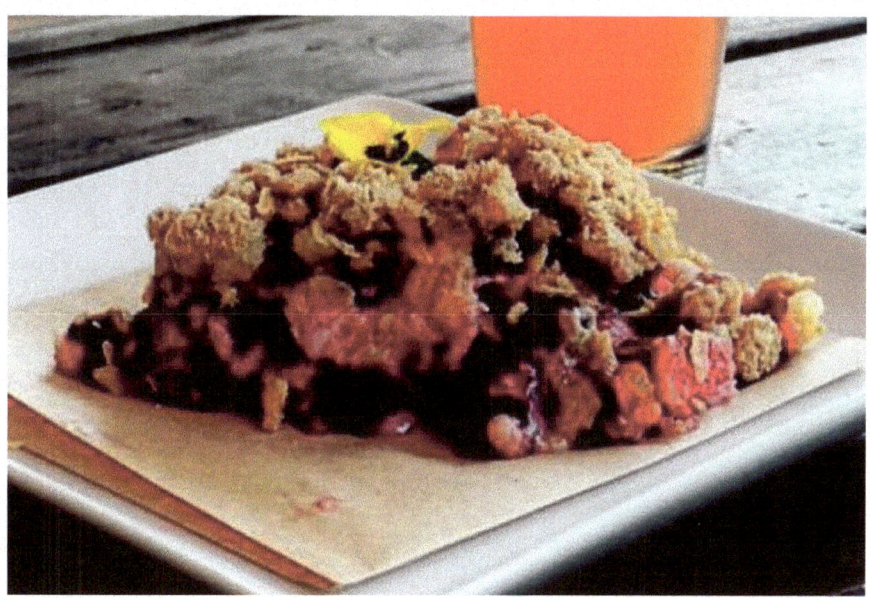

يجعل: 7 حصص

مكونات:

تعبئة فطيرة:

- 4 أكواب راوند مفروم طازج
- 2 كوب من العنب البري الطازج
- 2 ملاعق كبيرة زبدة مذابة
- 1 كوب سكر أبيض
- ربع كوب

قمة تفتت:

- نصف كوب (1 عصا) زبدة مذابة
- 1 كوب دقيق
- 1 كوب شوفان
- 1 كوب سكر بني مضغوط
- 1 ملعقة صغيرة قرفة

تعليمات:

تعبئة فطيرة:

a) رش الجزء السفلي من وعاء فطيرة الأطباق العميقة 9 بوصة بالرش.

b) تُبطن المقلاة بقشرة فطيرة. إذا كنت تصنع سطحًا مفتتًا ، فقم بفك حواف القشرة قبل الحشو.

c) يوزع نصف كوب من الدقيق بالتساوي على قاع قشرة الفطيرة قبل إضافة حشوة الفطيرة.

d) تُمزج جميع مكونات حشوة الفطيرة ، وتُضغط في قشرة الفطيرة.

قمة تفتت:

e) تُمزج جميع المكونات حتى تمتزج جيدًا ومتفتت.

الخبز:

f) يُضاف سطح الفتات إلى حشوة الفطيرة ، وينتشر بالتساوي. إذا كنت تستخدم قشرة فطيرة ، ضعيها فوق حشوة الفطيرة بالكامل ، واضغطي على حواف قشرة الفطيرة العلوية حتى القشرة السفلية ، مع تقليب الحواف. اصنع شقوقًا في القشرة العلوية للسماح للفطيرة بالبخار. رش القشرة العلوية برذاذ المقلاة ورشي 5 ملاعق كبيرة من السكر في النيئة جيدًا.

g) يُغطّى بورق قصدير ويُخبز على حرارة 350 درجة لمدة ساعة واحدة (أقل في حالة استخدام فرن حراري)

h) اتركي الفطيرة لتبرد تمامًا قبل التقديم.

78. طاجن دقيق الشوفان والتوت الكرز

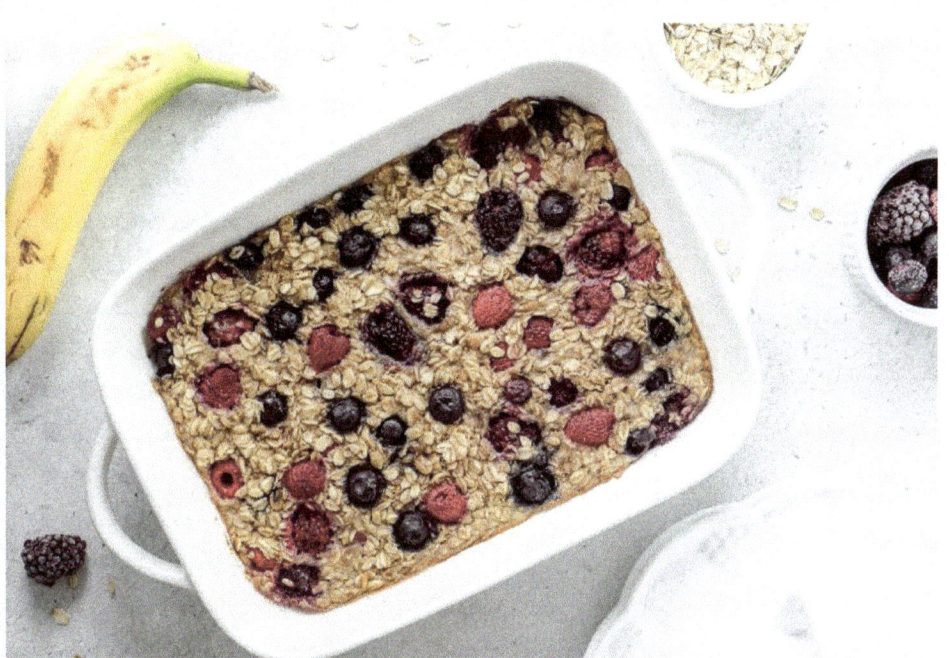

يصنع: 6 حصص

مكونات:
- 2 كوب شوفان جاف
- ½ كوب زائد 2 ملعقة كبيرة. سكر بني فاتح
- 1 ملعقة صغيرة بيكنج بودر
- 1 ملعقة صغيرة قرفة مطحونة
- نصف ملعقة صغيرة ملح
- كوب كرز مجفف
- نصف كوب من العنب البري الطازج أو المذاب
- نصف كوب لوز محمص
- 1 كوب حليب كامل الدسم
- 1 كوب ونصف كريمة
- 1 بيضة
- 2 ملعقة كبيرة. زبدة مذابة غير مملحة
- 1 ملعقة صغيرة فانيليا

تعليمات:

a) سخني الفرن إلى 375 درجة. رش صينية خبز مربعة مقاس 8 بوصات برذاذ طهي غير لاصق.

b) في وعاء للخلط، أضيفي الشوفان، ربع كوب من السكر البني، البيكنج باودر، القرفة، الملح، الكرز، ربع كوب من التوت الأزرق ونصف كوب من اللوز. يقلب حتى يمتزج وينتشر في صينية الخبز.

c) يرش نصف كوب من التوت الأزرق ونصف كوب من اللوز على الوجه.

d) في وعاء الخلط، أضيفي الحليب ونصف الكريمة والبيض والزبدة ومستخلص الفانيليا. اخفقي المزيج حتى يتجانس واسكبي فوقه الجزء العلوي من الطاجن. لا تحرك. نرش ملعقتين كبيرتين من السكر البني على الوجه.

e) اخبزيها لمدة 30 دقيقة أو حتى تنضج الكسرولة وتنضج الشوفان. أخرجيها من الفرن واتركي الكسرولة ترتاح لمدة 5 دقائق قبل التقديم.

الصلصات

79. صلصة فواكه الصيف

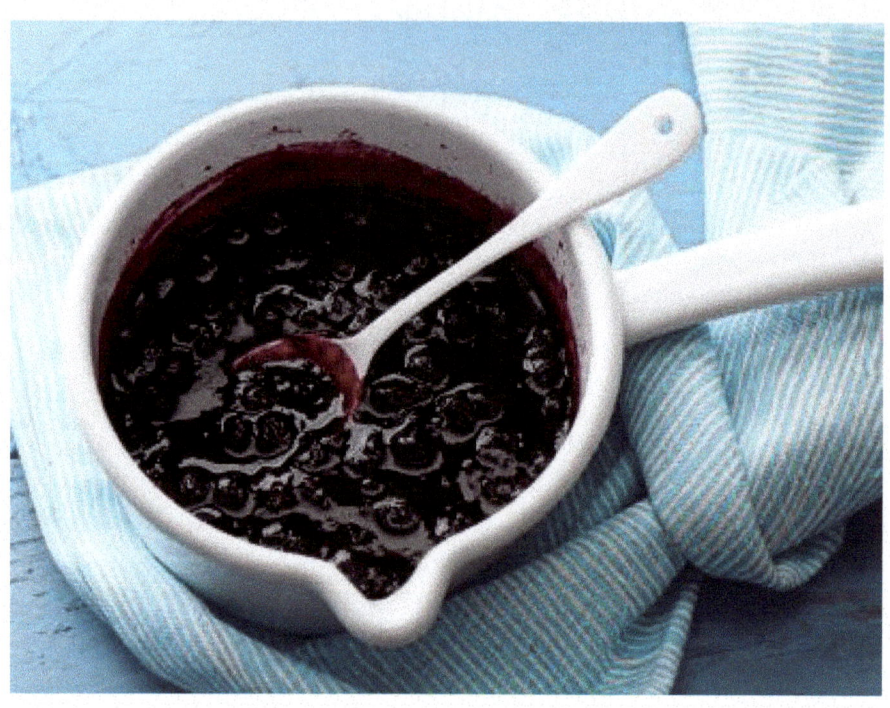

يصنع: حوالي 2 كوب

مكونات:
- 1 ملعقة كبيرة نشا ذرة
- 1 كوب عصير برتقال طازج
- 1/4 كوب نكتار الصبار
- 2 ملاعق كبيرة من السمن النباتي
- 1 ملعقة صغيرة من قشر البرتقال المبشور ناعماً
- 2 خوخ ناضج ، نصفين ، منزوع النوى ، ومفروم ناعماً
- 12 كوب من العنب البري الطازج

تعليمات:

a) في قدر متوسط الحجم ، يُمزج نشا الذرة وعصير البرتقال. أضف رحيق الصبار واتركه حتى يغلي. خففي الحرارة إلى متوسطة واطهيها مع التحريك باستمرار حتى تتماسك لمدة 5 دقائق.

b) يُرفع عن النار ويُضاف المارجرين وقشر البرتقال. أضيفي الخوخ والتوت. يعمل في درجة حرارة الغرفة أو مبردة. قم بتخزين الصلصة المتبقية مغطاة في الثلاجة لمدة تصل إلى يومين.

80. <u>صلصة التوت</u>

يجعل: 4 حصص

مكونات:
- 2 كوب توت أزرق
- 4 مكعبات من الكراث
- 2 ملعقة كبيرة زبدة
- 1 ملعقة كبيرة خردل حبوب
- نصف كوب نبيذ أحمر
- مرقة لحم البقر
- 2 ملعقة طعام سكر
- فلفل أسود حسب الرغبة
- ملح كوشير حسب الرغبة
- الزعتر الطازج

تعليمات:
a) كراميل الكراث المقطع بالزبدة والزعتر والملح.
b) أضيفي الخردل والتوت وكسريهما بشوكة أثناء الطهي على نار متوسطة.
c) يُضاف الفلفل الأسود ومرق اللحم البقري الكافي لتغطية العنب البري ، ويُترك على نار خفيفة لمدة 25 دقيقة تقريبًا ، حتى ينضج الكراث والتوت وتنخفض الصلصة وتصبح لامعة.
d) قدمي هذه الصلصة مع صدور الدجاج المشوي وهريس القرنبيط!

81. <u>شراب التوت اللذيذ</u>

يصنع: حوالي 2 كوب

مكونات:
● نصف كوب سكر
● 1 ت. نشا ذرة
● ⅓ ج. ماء
● 2 كوب من العنب البري الطازج أو المجمد

تعليمات:
a) في قدر على نار متوسطة ، اخلطي السكر ونشا الذرة. يقلب في الماء تدريجيا.
b) أضف التوت يجلب ليغلي. يغلي مع التحريك باستمرار لمدة دقيقة واحدة أو حتى يتكاثف.
c) قدميها دافئة أو اسكبيها في وعاء مغطى واحتفظي بها في الثلاجة لعدة أيام.

82. مربى التوت الأزرق

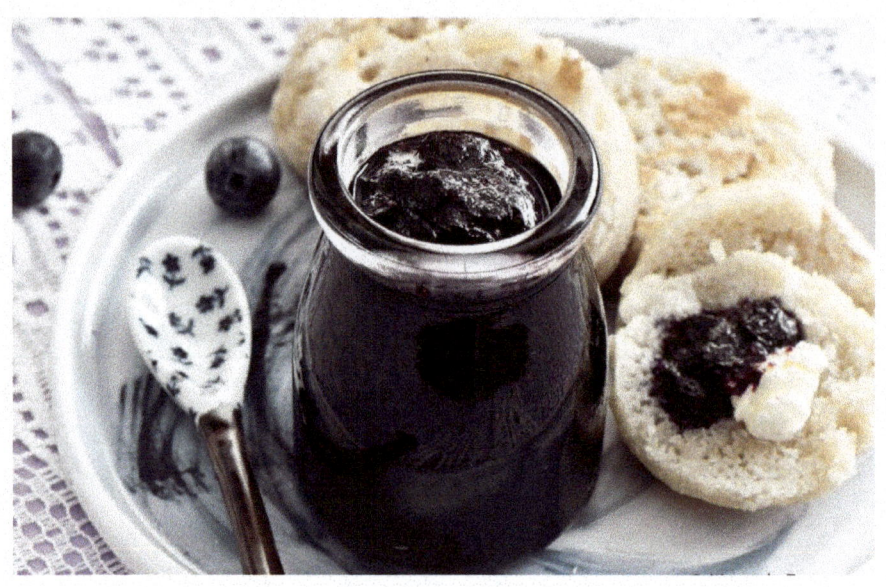

يجعل 9 نصف مكاييل

مكونات:
- 8 أكواب من العنب البري الطازج
- 6 أكواب عسل
- 3 ملاعق كبيرة عصير ليمون
- 2 ملعقة صغيرة قرفة مطحونة
- 2 ملاعق صغيرة من قشر الليمون المبشور
- نصف ملعقة صغيرة جوزة الطيب المطحونة
- 6 أونصات من البكتين السائل الخالي من السكر

تعليمات:
a) ضع العنب البري في محضر الطعام ؛ يغطى ويخفق حتى يمتزج بالكامل تقريبًا.

b) نقل إلى وعاء. أضيفي العسل وعصير الليمون والقرفة وقشر الليمون وجوزة الطيب. يُغلى المزيج على نار عالية مع التحريك المستمر. يقلب في البكتين.

c) يغلي لمدة 1 دقيقة مع التحريك باستمرار.

d) يرفع عن النار. قشط الرغوة. ضعي المزيج الساخن في برطمانات ساخنة معقمة نصف لتر ، واتركي مسافة نصف بوصة من فراغ الرأس.

e) إزالة فقاعات الهواء امسح الحافات واضبط الأغطية. عملية لمدة 10 دقائق في وعاء من الماء المغلي.

سموثي وكوكتيل

83. <u>أومبريه إكسير الرمان</u>

يجعل: 4

مكونات:
● 16 أوقية من عصير البرتقال
● 4 أونصات عصير توت بري
● 2 ملاعق كبيرة عصير زنجبيل
● 3 أونصات توت أزرق + إضافي للتزيين
● 8 أونصات من عصير الرمان
● 4 ملاعق كبيرة سكر ، أو حسب الرغبة

تعليمات:
a) يُمزج عصير البرتقال والتوت البري والزنجبيل.
b) قم بتغطيتها ووضعها بالثلاجة حتى تبرد.
c) اهرس التوت الأزرق في الخلاط مع عصير الرمان والسكر.
d) برد في الثلاجة.
e) يُسكب مزيج عصير البرتقال والتوت البري والزنجبيل في 4 أكواب.
f) ضعي فوقها بيوريه الرمان والتوت الأزرق.
g) قدميها مزينة بالتوت الطازج.

84. <u>توت أزرق مع جريب فروت أبيض</u>

يجعل: 4

مكونات:
- 7 أونصات من العنب البري
- 7 أونصات سكر
- 7 أغصان زعتر
- 16 أوقية عصير جريب فروت أبيض
- عصير 1 ليمونة
- 1 جذع إكليل الجبل ، منزوع النواة

تعليمات:

a)   ضعي 4 حبات من العنب البري في صينية مكعبات الثلج ، وصبي الماء فوق التوت ، ثم جمديها.

b)   في قدر أو قدر ، يُمزج السكر و 4 أونصات من الماء على نار معتدلة ويُغلى مع التحريك بانتظام.

c)   يقلب في أغصان الزعتر.

d)   يُمزج ملعقتان كبيرتان من شراب الزعتر مع عصير الجريب فروت والليمون.

e)   قدميها في 4 أكواب ، وأضيفي القليل من مكعبات الثلج إلى كل كوب ، وقدميها مبردة ومزيّنة بإكليل الجبل.

85. عصير الأخضر

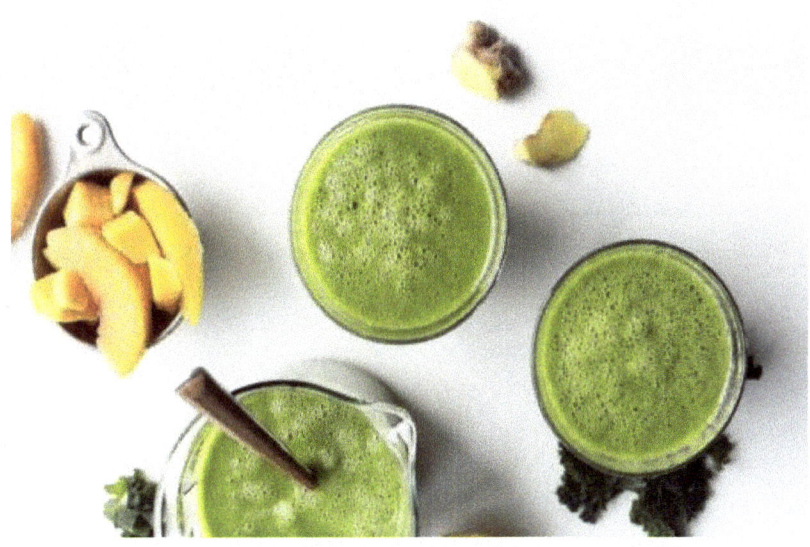

يصنع: 4 أكواب

مكونات:
- 2 كوب خضروات مقطعة
- 2 كوب من العنب البري
- 2 كوب ماء مصفى حسب الرغبة

تعليمات:
a) ضع جميع المكونات في خلاط عالي الطاقة واخلطها حتى تصبح ناعمة.

b) يمكن حفظها في الثلاجة لمدة تصل إلى يوم واحد ، ولكن من الأفضل الاستمتاع بها على الفور.

86. الكرز عنبية كالي

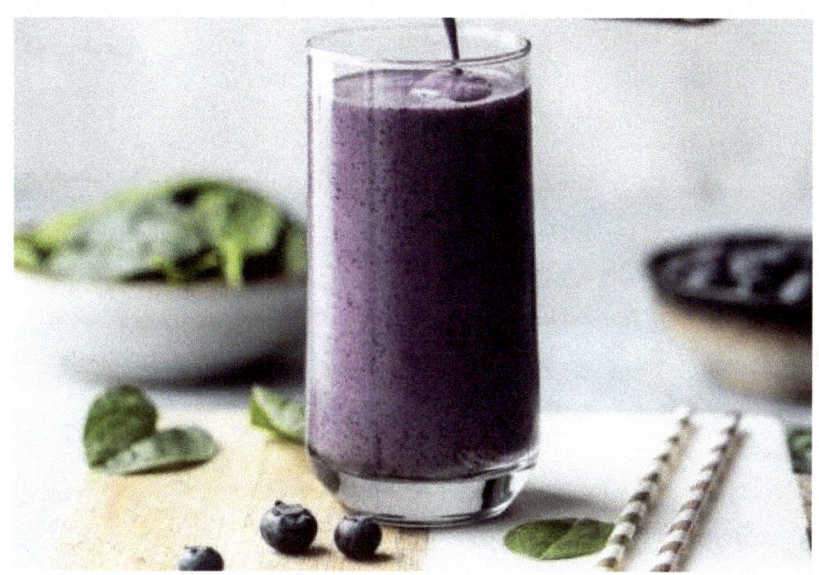

مكونات:
- 1 كوب كرنب
- 1 كوب كرز
- نصف كوب توت

تعليمات:
a) امزج مع نصف كوب من السائل.
b) يتمتع

87. سموثي بروتين باور

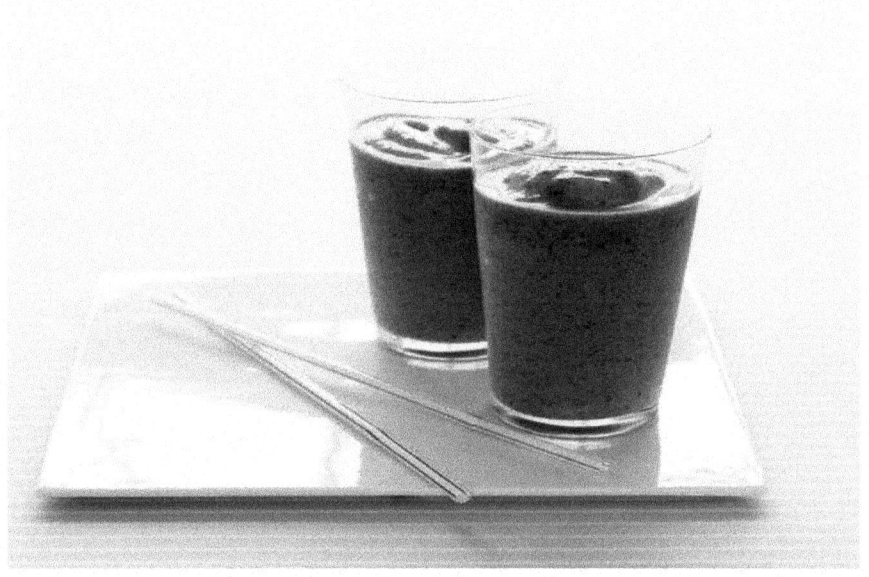

مكونات:

- نصف كوب حليب خالي الدسم
- ½ موزة ناضجة
- كوب توت مجمد
- كوب توت مجمد
- 1 مغرفة مسحوق بروتين مصل اللبن بالفانيليا
- 5 مكعبات ثلج

تعليمات:

a) حتى مزيج سلس.

b) تذوق واضبط الثلج أو المكونات إذا لزم الأمر.

88. <u>سوبرفوود شيك</u>

مكونات:

- كوب كرز مجمد
- 8 أونصات ماء
- كوب شمندر نيء مفروم
- نصف كوب فراولة مجمدة
- كوب توت مجمد
- ½ موز
- 1 مغرفة بروتين مصل الحليب بالشوكولاتة
- 1 ملعقة طعام من بذور الكتان المطحونة

تعليمات:

a)   حتى مزيج سلس.

b)   تذوق واضبط الثلج أو المكونات إذا لزم الأمر.

89. <u>دكتور مايك باور شيك</u>

مكونات:

- كوب جبن قريش قليل الدسم
- 1 كوب من العنب البري (طازج أو مجمد)
- 1 مغرفة مسحوق بروتين الفانيليا
- 2 ملاعق كبيرة وجبة بذور الكتان
- 2 ملاعق كبيرة جوز مفروم
- ½1 كوب ماء
- 3 مكعبات ثلج

تعليمات:

a) حتى مزيج سلس.

b) تذوق واضبط الثلج أو المكونات إذا لزم الأمر.

90. برايت بيري شيك

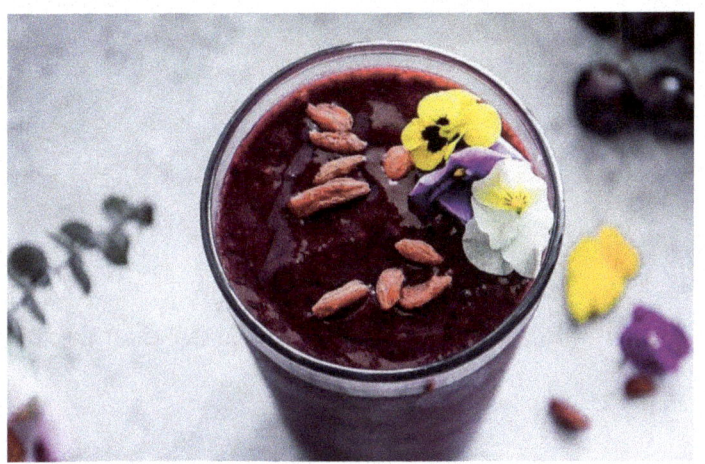

مكونات:

- 1 2/1 كوب ماء أو حليب لوز
- 2 ملعقة من مسحوق بروتين الفانيليا
- 8 حبات من التوت
- 4 حبات فراولة
- 12 حبة توت أزرق
- حفنة من مكعبات الثلج

تعليمات:

a) حتى مزيج سلس.

b) تذوق واضبط الثلج أو المكونات إذا لزم الأمر.

91. <u>مخفوق التوت الأزرق والمانجو</u>

مكونات:

- كوب مانجو مقطع طازج أو مجمّد
- نصف كوب من العنب البري الطازج أو المجمد
- نصف كوب زبادي يوناني عادي
- 1 كوب ماء أو حليب لوز
- 2 ملعقة من مسحوق بروتين الفانيليا

تعليمات:

a) حتى مزيج سلس.

b) تذوق واضبط الثلج أو المكونات إذا لزم الأمر.

92. انفجار عنبية

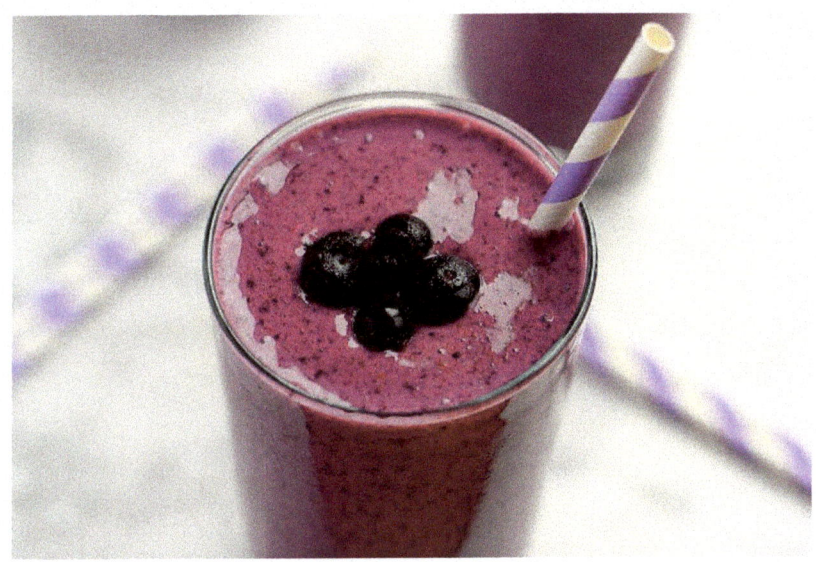

مكونات:
- 1 كوب حليب لوز بالفانيليا
- 1 موزة مجمدة (قشرها قبل التجميد)
- نصف كوب توت
- 1 مغرفة مسحوق بروتين غير منكه أو فانيليا

تعليمات:

a) ضع جميع المكونات في الخلاط لمدة 30-60 ثانية.

93. <u>مخفوق مافن التوت الأزرق</u>

مكونات:

- 2 ملعقة من مسحوق بروتين الفانيليا
- 6 أونصات من حليب اللوز
- نصف كوب توت
- 2 ملعقة صغيرة زبدة كاجو
- 5-1 قطرات من خلاصة الفانيليا
- 4 أونصات من الماء (أكثر لمخفوق أنحف ، وأقل لمخفوق أسمك)
- 3 مكعبات ثلج

تعليمات:

a) ضع جميع المكونات في الخلاط لمدة 30-60 ثانية.

.94 <u>عصير التوت الأزرق وجوز الهند</u>

يجعل: 2

مكونات:
- 3 ملاعق طعام من بذور الكتان الذهبية
- 1 ملعقة طعام من بذور الشيا
- 2 كوب حليب جوز الهند الفانيليا غير المحلى
- 10 قطرة سائل ستيفيا
- نصف كوب توت أزرق

تعليمات:
a) في الخلاط ، امزج جميع المكونات.
b) ثم امزج لمدة 1-2 دقيقة ، أو حتى تمتزج جميع المكونات تمامًا.

95. <u>عصير كيتو الاستوائي</u>

يجعل: 1

مكونات:
● مكعبات ثلج
● ربع كوب حليب جوز الهند غير المحلى
● نصف كوب كريمة حامضة
● 2 ملاعق طعام من بذور الكتان الذهبي
● 20 قطرة من سائل ستيفيا
● ملعقة صغيرة من خلاصة التوت

تعليمات:
a) في الخلاط ، امزج جميع المكونات.
b) امزج لمدة 1-2 دقيقة على سرعة عالية ، أو حتى يتماسك القوام.

96. سموثي البرسيم الحجازي المنبت

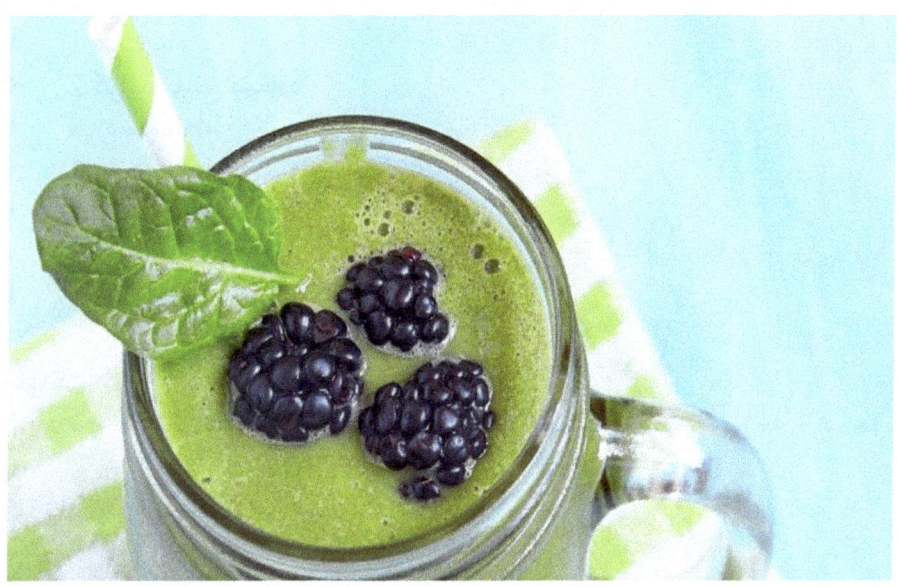

يجعل: 1

مكونات:
- 1 كوب ماء
- 2 كوب سبانخ صغيرة
- موزة متوسطة
- 1 مغرفة مسحوق بروتين مصل اللبن بالفانيليا
- كوب توت مجمد
- كوب من التوت الأسود المجمد غير المحلى
- نصف كوب من براعم البرسيم

تعليمات:

a) للبدء ، ضع الماء والسبانخ في الخلاط. ثم تضاف المكونات الأخرى و 3 مكعبات ثلج.

b) تخلط حتى تصبح ناعمة وتقدم.

.97 <u>عصير عنبية</u>

يصنع: 1-2 حصص

مكونات:

- 1 كوب توت أزرق
- 1 حبة موز صغيرة
- قطعة واحدة من الزنجبيل
- 1 كوب سبانخ صغيرة
- 1 كوب حليب لوز
- 1 ملعقة كبيرة بذور الكتان
- 1 ملعقة كبيرة زبدة لوز
- نصف كوب ثلج

تعليمات:

a) ضع الثلج في خلاط عالي السرعة.
b) أضف باقي المكونات.
c) قم بتأمين الغطاء على الخلاط وقم بمعالجة حتى يصبح العصير كريميًا وناعمًا.
d) انقله إلى كوب للشرب واستمتع به على الفور!

98. سموثي كاكاو وسبانخ

مكونات:

- 2 كوب سبانخ
- 1 كوب توت مجمد
- 1 ملعقة كبيرة مسحوق كاكاو غامق
- نصف كوب من حليب اللوز غير المحلى
- كوب ثلج مجروش
- 1 ملعقة صغيرة نيئةعسل
- 1 ملعقة كبيرة مسحوق ماتشا

تعليمات:

a) يُمزج في الخلاط
b) يخدم

99. <u>عصير فطيرة التوت</u>

مكونات:

للتحضير

- 2 2/1 كوب توت مجمد
- 1 حبة موز مقطعة إلى شرائح
- 2 مقرمشات كاملة من القرفة ، مقطعة إلى قطع
- 1 ملعقة كبيرة زبدة لوز

ليخدم

- 1 كوب حليب لوز فانيليا غير محلى
- نصف كوب زبادي يوناني 2٪
- 3 ملاعق صغيرة عسل

تعليمات:

a) يُمزج التوت الأزرق والموز وبسكويت غراهام وزبدة اللوز في وعاء كبير. قسّم على 4 أكياس تجميد بسحاب. يُجمد لمدة تصل إلى شهر ، حتى يصبح جاهزًا للخدمة.

b) لتحضير حصة واحدة: ضع محتويات كيس واحد في الخلاط وأضف نصف كوب من حليب اللوز وملعقتين كبيرتين من الزبادي ونصف ملعقة صغيرة من العسل. حتى مزيج سلس. قدميها على الفور.

100. عصير جوز الهند قوس قزح

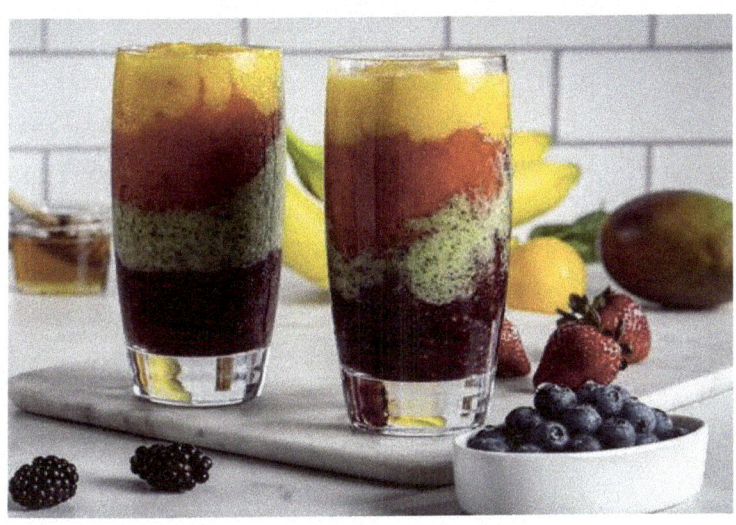

مكونات:

للتحضير

- 2 يوسفي مقشر ومقطع
- 1 كوب أناناس مكعبات
- 1 كوب مانجو مقطعة إلى مكعبات
- 1 كوب فراولة مقطعة إلى شرائح
- 1 كوب توت أزرق
- 1 كوب توت أسود
- 1 كيوي مقشر ومقطع إلى شرائح
- 2 كوب سبانخ صغيرة
- نصف كوب جوز هند مقشر

ليخدم

- 2 كوب ماء جوز الهند

تعليمات:

a) يُمزج اليوسفي والأناناس والمانجو والفراولة والعنب البري والتوت والكيوي والسبانخ وجوز الهند في وعاء كبير. قسّم على 6 أكياس تجميد بسحاب. يُجمد لمدة تصل إلى شهر ، حتى يصبح جاهزًا للخدمة.

b) لتحضير حصة واحدة: ضع محتويات كيس واحد في الخلاط وأضف نصف كوب ماء جوز الهند. حتى مزيج سلس. قدميها على الفور.

خاتمة

بلوبيري بليس ليس مجرد كتاب طبخ ، إنه دعوة لاستكشاف عالم العنب البري الرائع.
كتاب الطبخ هذا هو احتفال بالتنوع والقيمة الغذائية للتوت الأزرق ، ومع 100 وصفة
لذيذة ، فهو دليل نهائي لدمج هذا الطعام الفائق في نظامك الغذائي اليومي.
الكتاب منظم بعناية ، بدءًا من أطباق الإفطار مثل فطائر التوت البري والكعك
والكعكات. تم تصميم كل وصفة بعناية لإبراز المذاق الفريد والملمس الفريد للتوت
الأزرق ، مما يجعل كل قضمة دفعة من النكهة. بعد ذلك ، ستجد مجموعة من
الأطباق اللذيذة التي تستخدم العنب البري بطرق مبتكرة ، مثل لحم الخنزير المزجج
بالتوت البري وصلصة الباربيكيو بالتوت وسلطة الكينوا بالتوت. ستلهمك هذه
الوصفات لتجربة تركيبات نكهات جديدة ودمج التوت الأزرق في وجباتك اليومية.
ولكن ، بالطبع ، لا يكتمل أي كتاب طبخ بدون مجموعة مختارة من الحلويات ، ولا
يخيب بلوبيري بليس أملك. ستجد الحلويات الكلاسيكية مثل فطيرة التوت الأزرق
وتوت العنب البري ، بالإضافة إلى وصفات أكثر إبداعًا مثل قطع كعكة الجبن بالتوت
الأزرق وتارت التوت بالليمون. هذه الحلويات مثالية لإرضاء أسنانك مع الحصول على
الفوائد الصحية للتوت الأزرق.
علاوة على ذلك ، يتضمن الكتاب نصائح مفيدة وتنوعات للعديد من الوصفات ، حتى
تتمكن من تكييفها حسب ذوقك أو تجربة مكونات جديدة. من السهل اتباع الوصفات
وتتضمن قائمة بالمكونات ، وإرشادات خطوة بخطوة ، وصورًا جميلة تجعل فمك
يسيل.
في الختام ، يعد بلوبيري بليس كتابًا للطبخ يجب أن يكون لدى أي شخص يحب
التوت الأزرق أو يريد دمج المزيد من المكونات المغذية واللذيذة في نظامهم الغذائي.
مع 100 وصفة للاختيار من بينها ، لن تنفد أبدًا من السبل للاستمتاع بالمذاق الحلو
المنعش للتوت الأزرق. لذا ، انطلق وابدأ مغامرة الطهي اليوم واكتشف العالم المبهج
لطهي التوت!